99
기도하는데 왜 안 되는가? / 115

100
윤달, 산소 개장에 대하여 / 123

101
역병을 이기는 최고의 인사법 / 135

102
불교 믿으면 꼭 행복해진다 / 141

103
중생은 관계를 지으면서 윤회한다 / 149

104
진짜 간편하게 조상 잘 모시는 법 / 159

93
태어날 때부터 신통을 부리신 부처님 / 67

94
왜 절이라 부르는가? / 73

95
천당 가지 말고, 극락 가게! / 81

96
절에 갈 때의 복장 / 89

97
예수재 기도 올리시면 좋습니다 / 97

98
관음정근 대신
다른 부처님 명호는 안 되나요? / 107

설법대전(6) 목차

87
진정한 공덕의 글자, 옴과 사바하 / 15

88
부처님과 관세음보살은 다른 분인가요? / 23

89
초간단 기도 성취법 / 33

90
어른 대접 받기, 꼰대 탈출 비법 / 43

91
날 때부터 자신만만하신 부처님 / 51

92
로드킬 당한 동물을 보면 / 59

이 유튜브를 통한 생활법문은 제 수행의 일부라고 생각하고 언제까지라도 해 나갈 것입니다. 그리하여 그때그때 정리한 원고를 모아 '無一우학 설법대전' 시리즈로 출간하겠습니다. 우리 독자 및 시청자들께서는 시리즈 전권을 소장하는 재미를 붙여 보시길 바랍니다. 아마 수년 내에 200, 300권이 될 것입니다.

불교를 진정으로 아껴 주시는 불자 여러분!
'無一우학 설법대전'이 불교 가정 가정마다 놓여질 수 있도록 관심 부탁드립니다. 주위에 많이 알려 주시고 법보시(法布施) 해 주시면 감사하겠습니다.

다른 기회에 또 뵙도록 하겠습니다.

관세음보살

무일선원 무문관에서
無一 우학 합장

좋은 법문은 진리적인 것을 설하여, 이를 체험케 하는 것입니다. 그 진리적이라는 것이 현실적이라야 합니다. 그렇지 않으면 허공에 구름 잡는 얘기가 되고 맙니다. 더 나아가 현실적인 것은 생활적이 되어야 합니다. 그래서 제 법문의 특징은 생활 속에서 응용되고, 생활 속에서 행복을 찾도록 가르칩니다. 어쨌든, 제 법문의 의도가 어느 정도는 시청자들에게 먹히는 것 같아 다행스럽게 생각합니다.

독자 여러분, 그리고 유튜브불교대학 시청자 여러분! 우리 불교 인구가 많이 줄고 있습니다. 불교 포교의 큰 대안 중 하나가 유튜브를 통한 포교입니다. 제가 늘 말씀드리듯이 100만 구독자가 생기면, 미국 뉴욕의 맨해튼에 한국인이 세우는 최초의 '한국명상센터'가 들어설 것이라고 확신합니다. 이 책이 그런 면에서 크게 도움이 되기를 바라 마지않습니다.

교, 세계 불교, 첨단 불교"입니다. 그런데 이 창건 이념과 3대 지표가 유튜브라는 매체를 통하여 구현할 수 있게 되었으니, 코로나로 인해 대면 포교가 어려워진 상황 속에서도 크게 다행스러운 일이 아닌가 생각합니다. 참으로 전화위복입니다.

제가 본격적으로 '유튜브 생활법문'을 준비하고 점검하면서 크게 놀란 것은 시청자 연령대의 70%가 50세 이상이라는 사실입니다. 그래서 젊은 불자를 염두에 두고 전법(轉法)의 빛깔과 방향에서 고민을 하기도 하였습니다. 이 책을 인연하시는 분들께서는 그러한 점들을 유심히 살펴주시길 바랍니다.

지금은 바야흐로 유튜브라는 매체를 무시하고는 불교 포교가 어려운 시절에 살고 있습니다. 유튜브불교대학 생활법문을 하면서 저는 '법문의 현대화'를 잊지 않고 있습니다.

나무 불법승(佛法僧)

먼저, 이 책을 인연하시는 모든 분들의 행복을 기도 축원드립니다.

저는 요즘 무문관 정진 중입니다만, 일주일에 한 번씩 유튜브를 통해 생활법문을 녹화하고 있습니다. 전대미문의 코로나 팬데믹(pandemic)으로 불교대학의 정규 강의와 정기 법회가 중단된 상태에서 궁여지책으로 생각한 것이 유튜브불교대학 운영이었습니다. 다행히 부처님 가피로, 애초 5천 명의 구독자로 출발하였으나, 만 2년이 되지 않아서 10만 명의 구독자를 확보함으로써 유튜브를 통해서나마 국내외 불자(佛子)님들과 소통할 수 있게 되었습니다.

저는 1992년 전세 포교당에서 한국불교대학 大관음사를 열면서 창건 이념과 3대 지표를 세웠습니다. 그 창건 이념은 "바른 깨달음의 성취와 온 세상의 정토 구현"입니다. 그리고 사찰의 3대 지표는 "근본 불

설법대전을 내면서

無一우학
說法大典
(6)

無一우학
설법대전

(6)

| 도서출판 | 우리절 **한국불교대학 大관음사** |
| 좋은인연 | **유튜브불교대학** 자매채널 비유디 |

105
이런 사람, 절대 기도하지 말라 / 169

106
집에 부처님을 모셔도 되나요? / 175

107
신줏단지를 없애고 싶습니다 ※ / 185

108
녹차는 공부 잘하는 사람이 마신다 / 197

109
부처님도 감당 안 되는 세 가지 일 / 205

110
부처님의 혹독한 중생 교화 / 215

無一우학
說法大典

87
진정한 공덕의 글자
옴과 사바하

2020. 05. 25. 대구큰절 옥불보전

 관세음보살, 먼저 보궐진언을 세 번 외우겠습니다.

옴 호로호로 사야못게 사바하
옴 호로호로 사야못게 사바하
옴 호로호로 사야못게 사바하

국내외 유튜브불교대학 시청자 여러분, 반갑습니다. 오늘은 진정한 공덕의 글자 '옴'과 '사바하'에 대해서 살펴보겠습니다.

많은 진언, 다라니가 '옴'에서 시작해서 보통 '사바하'로 끝납니다. 방금 우리가 읽었던 보궐진언도 '옴'에서 시작해서, '사바하'로 끝났어요. 또한 신비한 힘을 가지고 있다고 하는 신묘장구대다라니도 역시 '옴'과 '사바하'을 포함하고 있습니다.

사실, 진언과 다라니는 번역하지 않는 것이 미덕입니다. 예로부터 '오종불번(五種不飜)의 원칙'이라 하여, 만트라 즉 진언과 다라니는 그냥 외우는 것이 좋지, 자꾸 번역하는 것은 그 뜻을 왜곡하기 쉽다고 하였습니다. 하지만 사람들의 심리가 그렇지 않아요. 뜻이 궁금해 질문하시는 분들이 많아요. 그래서 자주 대하는 '옴'과 '사바하' 정도는 대략적인 뜻을 아는 것도 좋겠다, 백 분의 일, 천 분의 일이라도 그 뜻을 짐작하는 것도 괜찮겠다 싶어서 말씀을 드립니다.

'옴(㸒)'은 '귀의(歸依)', '귀명(歸命)' 이런 것을 나타냅니다. 그리고 '사바하'는 '구경 원만 성취', '끝내 원만히 성취하리다'라는 뜻이 있습니다. 웬만한 진언에는 다 이 옴 자가 들어갑니다. 사바하 역시 우리가 늘 외우는 반야심경(般若心經)의 끝부분에서도 볼 수 있습니다. 그런데 옴은 주로 첫머리에, 사바하는 주로 끝부분에 많이 놓입니다. 진언에 있어서 옴과 사바하의 뜻은 이 정도면 될 것 같습니다.

오늘은 옴에 대해서 집중적으로 말씀드리겠습니다.

우리가 옴 자를 주로 볼 수 있는 경우는 스님들이 써주시는 글에서입니다. 스님들께 '글 하나 써 주십시오' 하면, 옴 자를 써 줄 때가 많습니다. 만약 어느 절에 가서 스님이 옴 자를 하나 써주신다면, '행운의 글자'라고 생각하시고 감사히 받으셔야 합니다.

　또, 옴 자가 들어간 액세서리, 즉 반지라든가 목걸이라든가 이런 걸 하고 계신 분들이 있는데, 그것은 아주 잘 하시는 겁니다. 분명히 행운을 부르는 일이 생길 겁니다.

　이 옴은 요가나 건강 수련원에서 또한 많이 활용합니다. 물 한 잔을 앞에다가 놔두고는, 옴을 10분이든 20분이든 계속 소리를 내면서 정진하고 난 후에 그 소리의 기(氣)가 모인 물을 마시기도 한다고 합니다. 하지만 불교에서는 이렇게까지는 하지 않습니다.

　그러면 옴의 의미에 대해서 좀 더 자세하게 살펴보겠습니다.

　옴(AUM)은 아(A), 우(U), 마(M)의 합성어라고 합니다. 알파벳 에이(A), 유(U), 엠(M)의 밑에 점이 있는 것이 각각 아(A), 우(U), 마(M)입니다.

　이를 각각 나누어서 살펴보자면, '아'는 '태초', '생성'을 의미합니다. '우'는 '중간', '유지' 이런 것을 말합니다. '마'는 '끝', '완성'을 나타냅니다. 이를 다 합치면, '생성, 유지, 완성'의 공덕을 갖춘 글자가 옴'이라는 것입니다.

따라서, 옴은 우주 생명 현상과 비로자나 부처님의 신비한 능력을 나타낸다고 합니다. 또, 옴은 일체 소리의 본질이므로 불보살의 무량한 공덕이 내포되어 있다고 말합니다.

아, 우, 마에 대해서는 경전에서도 소개를 하고 있는데요. 수호국계주다라니경(守護國界主陀羅尼經)이라는 경에 나오는데, 다음과 같이 말합니다.

"아, 우, 마는 법신(法身), 보신(報身), 화신(化身)의 삼신(三身)에 배대된다. 옴은 일체 다라니의 어머니로서 모든 보살은 여기에서 출생하였으며, 모든 부처님들도 마찬가지다. 곧 이것은 모든 부처님과 일체 보살과 모든 다라니가 모인 곳이다." 즉, 모든 보살과 부처님이 옴에서 나왔으며, 옴에 모든 부처님과 일체 보살과 모든 다라니가 모여 있음을 말하고 있습니다. 그러므로 옴은 '참나'를 의미한다고 볼 수도 있겠습니다.

옴에 대해 다시 정리하겠습니다.

먼저 옴은 '귀명(歸命)', '귀의(歸依)', 즉 '처음부터 끝까지 모든 것을 바친다' 라는 의미를 갖고 있습니다. 그리고 옴은 그 의미를 넓혀서, '부처님 마음', '참나의 자리', '참나' 로 응용하여 생각할 수도 있습니다. 불교에서는 다라니나 진언을 다 만트라(Mantra)라고 합니다. 그리고 이 만트라의 가장 기본이 옴인데, 이 옴이야말로 큰 공덕이 있습니다. 첫째는 우리 중생들이 부처님 세계에 들도록 하고, 둘째로는 '참나' 를 찾게 하는 그런 큰 힘이 있습니다.

따라서, 우리가 옴이 들어있는 신묘장구대다라니나 천수경 같은 경전을 많이 읽으면 무조건 큰 힘을 받을 수 있고, 자기가 바라는 바 소원을 성취할 수 있을 겁니다.

내일 다시 뵙겠습니다.
관세음보살

無一우학
說法大典

88
부처님과 관세음보살님은 다른 분인가요?

2020. 05. 26. 대구큰절 옥불보전

관세음보살. 유튜브불교대학 시청자 여러분, 반갑습니다. 오늘은 '부처님과 관세음보살은 다른 분인가요?' 라는 질문에 대한 답변입니다.

우리 불자들이 가장 많이 헷갈리는 것 중 하나가 바로, '불교에는 왜 그렇게 많은 부처님과 많은 보살님들이 계시는가?' 하는 점입니다. 저도 처음에 절에 들어왔을 때 이 부분이 참 헷갈렸습니다. 오늘은 이 부분에 대해서 말씀을 드릴까 합니다.

우리 불교는 많은 신을 모시는 다신교(多神敎), 범신교(汎神敎)와 같은 그런 종교가 아닙니다. 창조신(創造神)도 인정하지 않습니다. 불교는 진리(眞理)를 바탕으로 하는 진리의 종교입니다. 진리와 계합하고 진리적 삶을 살도록 가르치는 종교가 불교입니다. 이러한 맥락에서 '부처님의 진정한 몸은 진리의 몸이다' 라고 하여 법신불(法身佛) 또는 법신(法身)이라고 말합니다. 그러므로 법신만이 진짜일 뿐, 다른 것은 모두 방편입니다.

진리의 몸, 즉 진리의 실체는 눈이 어두운 중생에게는 보이지 않습니다. 어두운 중생의 눈에는 진리의 몸이 안 보입니다. 그래서 중생들 눈에 보이도록 법신의 부처님께서 몸의 형상으로 나타내 보이셨으니, 그것이 바로 그 많은 부처님과 보살님입니다. 그렇다 보니, 그 이름도 많고 모양도 많은 것입니다. 어쩌면 중생의 숫자만큼 많은 부처님의 이름, 부처님의 형상이 있을 수도 있습니다. 이러한 맥락에서 부처님과 관세음보살님의 관계를 잘 살펴야 합니다.

결론적으로 말씀드리면, 부처님과 관세음보살님은 결국엔 한 몸입니다. 왜 그럴까요? 경전(經典)에서 말하기를, "석가모니 부처님은 우리 중생들을 위해서 천백억 화신(化身)을 나투신다."라고 했습니다. 그러니까 석가모니 부처님은 천백억의 화신을 나타내시는데, 그중에는 관세음보살로도 나타내시는 것입니다. 즉, '부처님이 바로 관세음보살님이다' 이 말입니다.

한편, 관음경(觀音經)에서는 "관세음보살은 33응신을 나투신다."라고 하였습니다. 관세음보살님께서 33가지 몸을 나투시는데, 그중에 한 분이 바로 부처님입니다. 즉, 관세음보살님이 바로 부처님인 것입니다.

석가모니 부처님은 중생들을 위해서 천백억 화신을 나투십니다

이처럼 석가모니 부처님의 입장에서 보더라도 그렇고, 관세음보살님의 입장에서 보더라도 그렇고, 다 서로서로 원융(圓融) 합니다. 즉, 부처님이 관세음보살이고 관세음보살이 부처님입니다.

관세음보살님은 부처님의 다른 이름인데, 특별히 우리가 어머니처럼 부를 수 있는 이름이 관세음보살입니다. 그래서 '대성자모(大聖慈母) 관세음보살(觀世音菩薩)' 이렇게 말합니다. 이는 '크게 성스러운 자비의 어머니, 관세음보살이시여' 이런 말입니다.

사람이 사는 것도 이와 같습니다. 예를 들어 이름이 '김옥'이라는 여인이 있다고 가정하겠습니다. 이 여인이 결혼해서 아이를 낳으면, 그 아이는 김옥이라는 여인을 어떻게 부르겠습니까? 어머니라고 하겠지요. 그리고 김옥이라는 여인이 살아가며 듣는 호칭 중 가장 거룩하고 거룩한 호칭이 무엇일까요? 바로 이 어머니라는 호칭일 것입니다. 분명 그녀에게는 다른 호칭도 많이 있습니다. 이모, 아주머니 등 온갖 이름이 있을 수 있습니다. 하지만 그중에서도 가장 간절하게 불리는 호칭은 바로 자식이 그녀를 부를 때의 호칭, 즉 어머니입니다. 그래서 어머니보다 더 거룩한 이름이 없다는 것입니다.

그 세속의 어머니라는 호칭처럼, 우리 부처님을 그와 같이 거룩하게 부를 수 있는 이름이 없을까 하여 이름을 붙인 것이 바로 관세음보살입니다. 관세음보살, 세상의 모든 중생의 음성을 다 관(觀) 해 보시는 보살님, 세상의 중생 소리를 다 들어보시는 관세음보살님, 즉 부처님을 어머니처럼 그렇게 부르고 싶은데, 부처님이라고 하면 조금 거리가 먼 듯하니 더 가깝게 느껴지도록 '보살님'이라고 한 것입니다. 간단히 말해서, 우리가 좀 더 친근감 있게 부처님을 부르고, 부처님을 좀 더 쉽게 내 마음 가운데 받아들이기 위해서 관세음보살이라고 부르고 있다는 얘기입니다.

그래서 '관세음보살' 하고 부르면, 관세음보살 그 이름처럼 관세음보살님께서는 세상 사람들의 소리를 다 들으시고, 무엇 때문에 중생들이 찾는지를 다 아시고는 마치 아이를 돌보는 어머니처럼 관세음보살의 이름으로 다 해결해 주십니다. 즉, 관세음보살님의 이름으로 오시지만 결국은 부처님의 법력, 부처님의 힘을 온전히 다 가지고 오십니다.

우리는 항상 분명히 알고 있어야 합니다. 관세음보살이 바로 부처님이라는 것, 편의상 관세음보살이라고 부를 뿐이지 부처님 따로, 관세음보살님이 따로 있는 것이 절대 아닙니다. 이것을 분명하게 알고 있어야 합니다.

관세음보살님의 법력이 바로 부처님의 법력입니다. 관세음보살님이 바로 부처님입니다. 부처님의 성스러운 덕성(德性) 가운데 어머니와 같은 위대한 덕성, 그것을 강조한 것입니다. 특별히 어머니와 같은 덕성을 강조하여 나타내는 이름을 관세음보살이라 하기로 약속을 했던 것입니다.

그냥 "석가모니 부처님, 석가모니 부처님…" 이렇게 불러도 되지만, "관세음보살, 관세음보살…" 이렇게 부르면 훨씬 더 간절해지고, 좀 더 친근감 있게 부를 수 있다는 것입니다. 우리는 마치 아기들이 어머니를 찾듯이 부처님을 자주 찾고 잊지 않아야 합니다. 그러려면 부처님을 어머니처럼 부를 수 있는 그 이름, 관세음보살을 어떤 경우에도 놓쳐서는 안 됩니다. 하시라도 잊지 않고 늘 외운다면 우리는 부처님 품 안에서 늘 행복할 수가 있습니다. 그러니 늘 관세음보살을 외우는 그런 관음행자가 되시기 바랍니다.

  특히, 가장 중요할 때는 주무시기 전입니다. 주무시기 전 30분 정도는 반드시 관음정근을 하십시오. 그리고 점차 시간을 더 길게 하시면 더 좋습니다. 혼자 부르시기 힘들면 유튜브불교대학에 들어가서 '우학스님의 관음정근'을 틀어놓고 같이 외우시면 됩니다. 그러면 아주 수월하게 하실 수 있을 겁니다.

  저는 잘 때도 관음정근을 틀어놓고 잘 때가 많습니다. 그럼 밤새도록 관세음보살님을 내 마음 가운데 모시게 되는 것이므로 그 얼마나 좋습니까? 또 길을 갈 때도 염주 하나 들고 관세음보살을 외우면서 가신다면, 길을 걷는 그 자체로 기도가 되는 것이므로 그보다 더 좋을 수가 없습니다. 혹시 남이 들어도 괜찮다면 '우학스님의 관음정근'을 틀어놓고 들으면서 걸으시면 더 좋을 것입니다. 걷기 운동할 때나 산행할 때, 관음정근을 들으면서 하신다면 일석이조의 큰 효과가 있을 것입니다.

우리는 삶이 지치고 힘들 때 당연히 관세음보살을 불러야 하고요. 삶이 수월해지고 살기 좋아질 때도 절대 놓치지 말고 관세음보살의 은혜를 생각하면서 늘 관세음보살님을 찾고 외우는 그런 불자들이 되셔야 합니다.

늘 관세음보살님의 가피가 충만한 가정, 그런 불자가 되시기를 바랍니다.

다음 시간에 뵙겠습니다.
관세음보살

無一우학
說法大典

89
초간단 기도 성취법

2020. 05. 27. 대구큰절 옥불보전

 관세음보살. 유튜브불교대학 시청자 여러분, 반갑습니다. 오늘은 '초간단 기도 성취법'에 대하여 말씀드리겠습니다.

우리 불교의 기도법은 다소 번거로운 것이 사실입니다. 그렇다 보니 어떤 사람들은 아예 처음부터 기도를 포기하려는 수가 많습니다. 외우는 것도 많고 의식들이 복잡하다 보니, 기도를 시작도 하기 전에 또는 어떤 일의 행사를 하기도 전에 위축되는 수도 많다는 얘기입니다.

그래서 오늘은 '초간단 기도 성취법'을 소개해 드릴 테니, 잘 들어보시고 따라 해 보시면 쉽게 기도를 성취하는 방법을 찾으실 수 있을 것입니다.

먼저 관음경(觀音經)의 관세음보살보문품에 나오는 말씀 중 세 군데를 소개하겠습니다.

첫 번째 단락입니다.

"관세음보살님은 큰 위신력이 있어서 이로움을 많이 주느니라. 그러므로 중생들은 언제나 한결같은 마음으로 관세음보살을 생각해야 하느니라."

두 번째 단락입니다.

"관세음보살님을 공경하고 예배하면 그 복이 헛되지 않느니라. 그러므로 중생들은 모두 다 관세음보살님의 이름을 받아지니고 불러야 하느니라."

세 번째 단락입니다.

"선남자 선여인들이여, 그대들은 두려워하지 말고 오직 한마음으로 관세음보살의 이름을 불러라. 그러면 관세음보살님이 두렵지 않게 하여 주시느니라."

지난 시간에 자세히 설명드렸듯이 관세음보살은 부처님을 어머니처럼 부르는 이름입니다. 그래서 사실은 관세음보살이라는 이 명호, 이 이름 하나만으로도 사실은 '만사 오케이(OK)' 입니다. 굳이 다른 의식들 다 필요 없습니다. 그냥 관세음보살만 부르면 됩니다. 그래서 완전한 삼매에 든다면 다른 경전을 안 읽고 관세음보살님만 열심히 해도 된다는 말입니다. 완전하고도 깊은 삼매에 든 것을 '관음삼매(觀音三昧)' 또는 '원통삼매(圓通三昧)' 라고 하는데, 정말 아주 골똘하게 관세음보살님을

관세음보살님을 공경하고 예배하면
그 복이 헛되지 않느니라

부르셔야 합니다.

 아침에 눈을 떠서 저녁에 주무시기 전까지, 그냥 주구장창 관세음보살만 부르면 됩니다. 다른 의식은 다 필요 없습니다. 그냥 염주 하나 잡고 오직 관세음보살만 부르면 됩니다. 걸을 때도 관세음보살 정근하시고, 차를 운행하실 때도 관세음보살 정근을 하십시오.

 혼자서 하시는 것이 좀 힘드시면, 유튜브불교대학의 '우학스님의 관음정근'을 틀어놓고 같이 따라 하십시오. 30분짜리, 60분짜리, 빠른 속도로 된 100분짜리가 있으니 본인에 맞는 걸 틀어놓고 하시면 됩니다.

 저는 포행을 하거나 산행할 때 관음정근 60분짜리를 들으면서 산을 탑니다. 어떤 때는 영상이 두 번 돌아갈 때도 있고 세 번 돌아갈 때도 있는데, 그렇게 하면 걸음걸음마다 관세음보살님이 함께 하시는 것 같습니다. 또 산행하는 동안 지극히 마음이 평온해지고 마음이 안정됨을 느낄 수 있습니다. 밤중에 산을 다녀도 무섭지가 않습니다. '관세음보살님은 두렵지 않게 해 주신다'라고 했지요? 어디 다니실 때는 저처럼 반드시 관음정근을 들으면서 다니시면 좋겠습니다. 야외에서 걷기 운동하는 분들이 많은데, 그럴 때 유튜브 관음정근을 꼭 들으시면서 걸으시길 바랍니다. 입으로 따라 하셔도 좋고, 듣기만 해도 좋습니다. 그렇게 하루 24시간, 늘 관세음보살님과 함께 하신다면 사실 다른 기도가 필요 없습니다.

한편, 우리는 관세음보살님을 잊지 않기 위해 스스로 장치를 하셔야 합니다. 어떤 장치를 해야 하는가. 바로 눈에 보이는 곳에 관세음보살을 써 붙여 두는 것입니다. 우선 늘 보는 거울에 관세음보살이라고 써서 붙여 놓으십시오. 관세음보살 사진을 붙여 놓아도 좋습니다. 그리고 화장실 앞에도 관세음보살을 써 놓으시고요. 늘 밥을 먹는 식탁 위에도 하나 써 놓으십시오. 만약 할 수만 있다면 숟가락 위에도 써 놓으시면 더더욱 좋을 것입니다. 아무튼, 여기저기 관세음보살을 써 놓으십시오.

그리해서 자나 깨나 관세음보살님이 찾아진다면, 그것이 바로 오매일여(寤寐一如)가 됩니다. 자나 깨나 한마음으로 관세음보살을 찾게 되는 것이니까, 그것은 정말 대단한 수행입니다. 바로 그 자체가 성취입니다.

법문을 시작하면서 제가 관음경에 나오는 말씀을 소개해 드렸지요. 관세음보살 부르면 무조건 큰 이로움을 얻습니다. 또 관세음보살을 부르면 그 복이 절대 헛되지 않습니다. 또 관세음보살을 부르면 어떤 상황에도 두렵지 않습니다. 요즘의 세상이 이러하다 보니 불안하고 초조하지요? 그런 일이 없어집니다.

반야심경(般若心經)에서는 관세음보살(觀世音菩薩)을 관자재보살(觀自在菩薩)이라고 말합니다. 그러니까 관세음보살이나 관자재보살이나 같은 말인데, '아바로키테스바라(Avalokitesvara)'라고 하는 말을 어떻게 번역하느냐에 따라서 때로는 관세음보살, 때로는 관자재보살이 된 것입니다. 이렇게 두 가지로 번역된 것일 뿐, 실은 같은 말인 관세음보살과 관자재보살, 이 두 이름만 잘 생각해도 우리의 신심은 떨어지지 않아요. 관세음보살(觀世音菩薩) 세상의 음성을 다 들으시고 우리의 소원을 성취시켜주시는 보살님, 관자재보살(觀自在菩薩) 자유자재로 우리를 관찰하시고 자유자재로 우리에게 가피를 내리시는 보살님, 그러니까 이미 관세음보살, 관자재보살 이 명호 속에 부처님의 가피가 가득 차 있다는 말입니다.

다시 결론적으로 말씀드립니다.

기도를 성취하기 위해서 많은 기도 경전들을 동원하고, 다양한 수행을 생각하게 됩니다. 그러나 그러한 것들이 너무 번다해서, 지레 '나는 이렇게는 못 하겠다. 차라리 성취를 안 했으면 안 했지 기도는 못 해' 이런 나약한 마음이 있는 분들은 이제부터 용기를 가지고, 그냥 간단하게 관세음보살만 부르시면 됩니다. 염주 딱 들고 '관세음보살' 하고, 염주가 없다 하더라도 유튜브를 틀어놓고 관세음보살 정근을 듣고 하시면 본인이 바라는 바가 성취될 것입니다. 어떤 일이든지 간에 관세음보살님의 능력, 관세음보살의 가피로 사바세계에서 일어나는 일은 충분히 다 해결될 수 있습니다.

후일 또 시간을 내어, '관세음보살님이 어떤 식으로 우리의 문제를 해결하는가?'에 대해서도 말씀을 드리도록 하겠습니다.

기도를 너무 어렵고 복잡하게 생각하지 않아도 됩니

다. 그냥 관세음보살님만 주구장창 외우시면 됩니다. 관세음보살만 일심으로 부르십시오. 그러면 본인이 원하는 바는 분명히 이룰 수가 있으실 겁니다.

　기도를 할 때는 가능하면 기간을 정해 놓고 하시길 권해드립니다. 7일, 21일, 100일 등 기간을 정해 놓고 하시면 좋겠습니다. 그리고 그 기도 기간이 지났다 하더라도 절대로 나태한 마음먹지 말고, 한번 살린 불심(佛心)의 불씨를 계속해서 이어 가시길 바랍니다. 그리하면 일평생 내내 평안하실 것입니다. 또한 다음 세상에는 관세음보살님의 세상에 태어날 것입니다. 설령 이 세상에 다시 온다고 하더라도 관세음보살님의 한량없는 가피를 입어 지금 사는 세상에서보다 훨씬 더 자유롭고 평화스럽고 복이 많은 사람으로 태어날 것입니다. 늘 염주 돌리면서 관세음보살 외우고, 언제나 관세음보살님의 가피를 100퍼센트 믿는 그런 불자 되시기를 바랍니다.

 건강하시고 내일 다시 뵙겠습니다.
관세음보살

無―우학
說法大典

90
어른 대접 받기
꼰대 탈출 비법

2020. 05. 28. 대구큰절 옥불보전

관세음보살. 유튜브불교대학 시청자 여러분, 반갑습니다. 오늘은 '어른이 돼서 존경받으려면' 이라는 제목으로 말씀을 드리겠습니다. 제가 '어른으로서 존경받을 수 있는 여덟 가지 길'을 안내하겠습니다.

한마디로 말해서 존경을 받으려면, 업(業)을 잘 지어야 합니다. 선업(善業)을 지으면 될 일이지요. 업(業)에는 신(身), 구(口), 의(意) 세 가지가 있습니다. 즉, 우리는 몸과 입과 생각으로 업을 짓는데, 그 몸과 입과 생각의 업을 잘 지으면, 또는 선업을 행하면 어른으로서 존경받는다는 말입니다.

우리는 신구의(意身口), 몸과 입과 생각의 업을 늘 삼가야 합니다. 삼가다, 즉 조심해야 한다는 말입니다. 그러면 지금부터 각각에 대해서 구체적으로 말씀을 드리겠습니다.

먼저, 구업(口業)부터 정리하겠습니다. 입을 삼가야 합니다. 입을 조심하고 구업을 잘 지어야지 어른으로서 대접받고 존경받는다는 말입니다.

첫째, 함부로 반말해서는 안 됩니다. 함부로 반말하면 대접받기 힘듭니다. 함부로 반말하면 요즘은 꼰대라는 소리를 금방 듣습니다. 친하지 않은데 나이가 어리다고, 젊다고 해서 반말을 하면 반감을 사고 미움을 받게 됩니다.

제가 만든 말 중에서 '대인즉불(對人卽佛)'이라는 말이 있습니다. 그 뜻인즉 '대하는 사람이 다 부처'라는 말입니다. 이 생각을 가져야 합니다. 대인즉불이라, 내가 마주하고 있는 사람이 부처님이라는 생각을 한다면, 쉽게 반말이 나오지는 않을 겁니다.

둘째, 얻어먹기만 해서는 안 됩니다. 어른이라 해서 무조건 얻어먹는 것만 생각하면 그 사람은 존경받을 수 없습니다. 오히려 매번 본인이 음식을 사는 것이 상책입니다. 그러면 존경받고 대접받습니다. 얻어먹으려고 하다 보면 사람이 추해집니다. 먼저 산다면 그게 본인이 존경받는 길이 됩니다. 그 점을 좀 명심하시면 좋겠습니다.

셋째, 함부로 고함을 질러서는 안 됩니다. 어른이 돼서 고함을 지르면, 당장에는 젊은 사람들이 조금 위축되는 듯하고 주눅 들어 보이지만, 그 마음에 존경심이 사라집니다. 고함을 지르면 어른으로서 가치가 떨어지는 것이 사실입니다. 점잖고 부드러운 말도 많은데 굳이 고함을 질러서 되겠습니까. 우리가 부드러운 말을 하는 것도 하나의 보시입니다. 보시행을 생각해서라도 늘 부드러운 말을 하는 것이 좋겠습니다.

여기까지는 구업에 대한 것이었고, 넷째와 다섯째는 의업(意業) 생각의 업입니다.

넷째, 비밀을 잘 지켜 주어야 합니다. 젊은 사람들과 한 약속은 물론, 젊은 사람들이 숨겨 주기를 바라는 일이 있을 겁니다. 그러한 것은 눈 감고 그냥 지나가야 합니다. 그리고 그것을 다른 사람에게 말해서는 안 됩니다. 비밀을 지켜 주면 존경받고, 또 스스로도 배려심 있는 인격자가 될 것입니다.

다섯째, 너무 까탈스럽게 굴면 안 됩니다. 까탈스럽게 처신하지 말라는 것입니다. 어떨 때 그러한가, 공양을 드실 때 너무 까탈스러우면 안 되고, 또 대화할 때도 꼬치꼬치 따지면서 약점 잡듯이 하면, 젊은 사람들로부터 대접받기 힘듭니다. 좀 너그럽게 지나가시는 것이 좋습니다. 음식을 드실 때도 그렇고, 대화할 때도 그렇습니다. 그것이 자비(慈悲)입니다. 우리가 자비를 말로만 할 것이 아니라 자신의 실생활에서 실천해야 합니다.

지금부터는 몸으로 짓는 업, 신업(身業)입니다.

여섯째, 공부하는 모습을 보여야 합니다. 젊은 사람들에게 늘 공부하는 모습만 보여도 절대 무시당하는 법이 없습니다. 공부하는 모습만 보여도 존경받습니다. 그러니 TV를 보는 시간을 많이 줄이고, 책 보고 글 쓰는 시간을 많이 가지십시오. 그것이 바로 정진(精進)입니다. 항상 스스로를 들여다보며 정진의 시간을 가지는 어른이라면 젊은 사람들은 무조건 그 어른을 존경합니다.

일곱째, 억지를 부리지 마십시오. 어른이라 해서 자기 생각대로 마구 억지를 부리면, 처음에는 젊은 사람들이 마지못해 따라 하는 척할지 모르지만 나중에는 그 어른을 존경하지 않습니다. 큰 문제가 아니라면 그냥 젊은 사람이 하자는 대로 따라가는 것이 좋아요. 그렇게 한다고 하더라도 본인의 인격에 커다란 흠이 생기는 것이 아닙니다. 그러니 너무 억지를 부리는 일은 삼가십시오. 그래야 존경받을 수 있습니다.

여덟째, 게으른 모습을 보이면 안 됩니다. 어른이라고 해서 뒷짐 지고서 아무것도 안 한다거나 그냥 소파에 앉아서 놀거나 드러누워서 쉬는 시간이 너무 많으면 젊은 사람들이 좋아하지 않습니다. 게으르면 푸대접 받습니다. 절대 게을러서는 안 됩니다. 운동하는 모습도 좀 보이고요. 또 일하는 모습도 보여야 합니다. 그래서 자신의 일은 본인이 다 하셔야 합니다. 또, 필요하면 남도 좀 도와주시고요. 그렇게 일하는 모습을 보일 때 젊은 사람들이 좋아하기도 하지만, 사실 그렇게 하면 본인이 건강할 수 있습니다. 부지런히 움직이고 부지런히 일하고 운동하면 건강해지는 일을 왜 마다합니까?

불교에서 제일 경계하는 말 중의 하나가 방일(放逸)입니다. 불방일(不放逸)이라, 즉 방일하지 마라, 게으르지 말라는 말입니다. 누구도 게으른 사람을 좋아하지 않습니다. 마음에 깊이 새기셔야 합니다.

이렇게 해서 제가 여덟 가지를 제시했습니다. 어른이

돼서 존경받으려면 이 여덟 가지를 반드시 유념해야 합니다.

어른이라는 것은 상대적인 것입니다. 그래서 20대가 보았을 때는 30대가 어른이고, 30대가 봤을 때는 40대가 어른입니다. 즉, 절대적으로 나이가 몇 살이면 어른이라고 하는 것은 아니라는 얘기입니다. 나이 30에도 어른이 될 수 있고, 40에도 어른이 될 수 있고, 50, 60, 70 모두 다 어른이 될 수 있으니 제가 드리는 말씀입니다. 아래 사람들에게 본인이 어른 대접을 받으려면, 괜찮은 사람으로 대접받으려면, 오늘 말씀드린 이 여덟 가지를 잘 실천하셔야 합니다. 그리하면 그 사람은 어디에 속해 있든지 그 인연 속에서 어른으로서 존경받는 사람이 될 것입니다.

 건강하시고 내일 다시 뵙겠습니다.
관세음보살

無一우학
說法大典

91
날 때부터 자신만만하신 부처님

2020. 05. 29. 대구큰절 옥불보전

관세음보살. 유튜브불교대학 시청자 여러분, 반갑습니다. 오늘은 '날 때부터 자신만만하신 부처님'이라는 제목으로 말씀을 드리겠습니다.

우리가 이 세상을 살아가면서 가장 필요한 것은 자신감입니다. 그런데 우리 부처님은 태자의 몸으로 이 땅에 태어나실 때부터 자신만만하셨습니다. 그러나 이는 결코 만용도 아니고, 부처님의 아상(我相)도 아닙니다. 저는 부처님께서는 당신의 모습을 있는 그대로 적나라하게 표현하신 것이라고 봅니다. 그것이 어디 나타나는가, 바로 부처님 첫 일성에 나타납니다.

천상천하(天上天下) 유아독존(唯我獨尊)
천상천하에 내가 가장 홀로 높노라.

당신께서는 이 우주에서 가장 높은 존재라는 것을 자신만만하게 선언하신 것입니다. 이 얼마나 패기 넘치고 대단한 소리입니까? 생각할수록 엄청난 말씀입니다. 불자라면 이 말씀은 다 외워 두셔야 합니다. 부처님의 첫

일성입니다.

　이 우주에 나만이 가장 높다, 여기에서 '나'는 '진아(眞我)', '참나'를 말합니다. 그래서 '부처님은 참나 그대로 오신 분이다' 그 말입니다.

　제가 이 참나의 의미를 세 가지 정도로 나누어 정리하였습니다. 지금부터 하나씩 말씀드리겠습니다.

　참나의 의미, 즉 참나의 속성입니다.

　첫째, 참나는 대아(大我)입니다. 즉 '마하(摩訶)의 나', '우주적인 나'입니다. 그래서 부처님께서는 우주적으로 오신 분이다, 이렇게 볼 수 있습니다.

　둘째, 참나는 무아(無我)입니다. '없을 무(無)'자, 즉 '텅 빈 나', '청정의 나'를 말합니다. 그러므로 우리 부처님은 청정 그대로 오신 분이다, 이렇게 볼 수 있습니다.

　셋째, 참나는 공아(空我)입니다. 공아(空我)의 공(空)은 '초월'을 의미합니다. 따라서 공아(空我)라는 말은 '초월의 나', '진리적인 나'를 뜻합니다. 즉, 우리 부처님은 진리적인 몸으로 오셨다, 진리 그대로 오셨다, 이 말입니다.

이것은 순전히 저의 안목에서 정리한 참나, 진아(眞我)의 속성입니다. 비록 제 개인적인 견해이지만, 이것은 분명한 사실입니다.

정리하여 말씀드리면, 부처님은 참나로 오셨는데 대아(大我) 우주적으로 오셨고, 무아(無我) 청정 그대로 오셨고, 공아(空我) 진리 그대로 오신 분입니다.

이것을 부처님께서는 스스로 확신이나 하시듯이 "천지인(天地印)을 지으셨다."라고 했습니다. 한 손은 하늘을, 다른 한 손은 땅을 가리키시면서 이 세상에 오셨습니다. 정말 극적인 모습이 아닐 수 없습니다. 한 손은 하늘을 한 손은 땅을 가리키면서, '천상천하 유아독존(天上天下 唯我獨尊)'을 외치신 우리 부처님, 한번 생각해 보십시오. 대단하지 않습니까?

"이 우주 가운데 나야말로 가장 높노라."

누가 이렇게 태어나면서부터 자신만만한 소리를 하셨냐 말입니다. 그 어떤 성자도 그리하지 않았습니다. 오직 우리 부처님만이 그렇게 자신 있게 말씀을 하셨습니다. 그런데 여기서 끝이 아닙니다. 그 뒤에 이어서 하신 말씀은 더욱더 가슴 벅차게 합니다.

삼계개고(三界皆苦) 아당안지(我當安之)
삼계가 모두 다 괴로움이니, 내 마땅히 이를 편케 하리라.

이는 통해 부처님은 우리 중생들의 희망이요, 등불 그대로 오신 분이다, 이렇게 볼 수 있습니다. 그래서 이 세상 중생들이 다 괴로움에 빠져 있지만, 부처님만 잘 의지하면 편안할 수 있다는 메시지를 던지고 있습니다.

"천상천하 유아독존(天上天下 唯我獨尊) 삼계개고 아당안지(三界皆苦 我當安之)."

이 첫 말씀은 우리에게 정말 대단한 말씀입니다. 이 세상이 본래로 다 괴롭다는 것을 이미 아시고, 우리를 진정으로 구제해 주시기 위해서 오셨다는 것을 부처님의 이 첫 말씀을 통해서 얼마든지 알 수 있습니다. 그러므로 우리는 늘 부처님께 감사한 마음을 가져야 합니다. 어쩌면 매일 아침마다 108배를 올리면서 감사해도 부족한 일

> *天上天下 唯我獨尊*
> *三界皆苦 我當安之*

이 될 것입니다.

"천상천하 유아독존, 삼계개고 아당안지, 이 우주에 내가 가장 홀로 높다!" 하지만 부처님께서는 홀로 높은 데만 계신 것이 아니라, "이 세상 중생들이 다 괴로움에 처해 있으니, 다 제도하고 건지겠다!' 이러한 큰 원을 가지고 이 땅에 오셨습니다. 그래서 불제자들이 부처님의 이러한 대원력을 느낀다면, 얼마나 운이 좋고 다행스러운 존재들인지 새삼 느끼게 되실 것입니다.

우리가 이제 부처님 법을 만났고, 부처님의 신통과 가피, 그리고 부처님의 원력을 만났습니다. 그렇다면 부처님을 믿고 그분 말씀대로 살려고 애를 쓰면, 부처님의 메시지처럼 우리는 다 편안할 수 있습니다. 이 사바세계가 어렵다 하지만, 부처님 법에 의지하고 부처님을 믿고 기도하면 반드시 우리는 행복할 수 있고, 우리는 편할 수 있다는 것을 부처님의 첫 말씀에서 이미 알 수 있습니다.

그러므로 우리는 늘 부처님께 정말 감사해야 하고, 부처님을 대신해서 정법을 좀 잘 펴야겠다는 마음을 가져야 하고, 또 그 마음을 잊어서도 안 되겠습니다.

세상 살기가 참으로 어렵습니다. 하지만 우리는 우리에게 희망을 주시기 위해서 오신 부처님, 그리고 신통 가득하신, 그리고 힘이 가득하신 부처님을 믿고 의지하면 이 살기 어려운 세상에서 얼마든지 부처님 법대로, 부처님의 가피를 받으면서 잘살 수 있습니다. 그래서 이 생을 결코 허투루 살지 말고 다부지게 살면 이 세상은 그래도 살 만하고, 부처님이 계심으로 충분히 희망적으로 재미있게 살 수 있다는 것을 말씀드립니다. 한마디로 '부처님께 의지하면 다 해결된다!' 그 말입니다.

부처님께 정말 의지하는 그런 불자들이 되시기를 바랍니다.

 내일 다시 뵙겠습니다.
관세음보살

無一우학
說法大典

92
로드킬 당한 동물을 보면

2020. 05. 29. 세계명상센터 보은전

관세음보살. 유튜브불교대학 시청자 여러분, 반갑습니다. 오늘은 '로드킬(Roadkill)을 당한 동물을 보면'이라는 제목으로 말씀을 드리겠습니다.

우리가 길을 걷다 보면, 개구리와 같은 작은 미물들이 차바퀴에 치여서 마른 포(脯)처럼 아스팔트 바닥에 완전히 붙어 있는 경우를 봅니다. 또는 차를 몰고 가다 보면, 개나 고라니와 같은 짐승들이 차에 부딪혀서 아주 처참하게 죽어있는 경우를 볼 때도 있습니다. 그럴 때 불자라면 어떻게 해야겠습니까? 아무 말 없이 무심하게, 기도 한마디 없이 그냥 지나가도 되겠습니까? 그래서는 안 되겠습니다.

그러면 어떻게 해야 할까요? 우리가 자주 외우는 발보리심진언(發菩提心眞言)을 외우면 됩니다.

옴 모지짓다 못다 바나야 믹

이것을 시간 되는 대로 한참 외워주면 좋습니다. 만약 발보리심진언이 잘 안 외워진다면, 관세음보살을 시간 나는 대로 지극정성 외워주시면 됩니다. 로드킬을 당한 동물을 내가 천도, 위로한다고 생각하면서, 정성껏 외워주시면 됩니다. 가지고 계신 염주를 들고, "관세음보살 관세음보살 관세음보살…." 이렇게 외워주시면 됩니다. 하지만 그것보다는 "옴 모지짓다 못다 바나야 믹, 옴 모지짓다 못다 바나야 믹, 옴 모지짓다 못다 바나야 믹." 이렇게 발보리심진언을 외우는 것이 좋습니다.

"우리가 굳이 왜 그렇게 해야 합니까?"

이렇게 말씀하실 수도 있습니다. 우리는 불자이기 때문에 그렇습니다. 한낱 미물이라도 소중히 생각하는 불자로서, 안타깝게 죽어 간 생명을 그냥 지나치지 않고 마음으로 위로하는 것이 불자의 도리가 아니겠습니까! 또한 이미 본 것은 나와 인연이 생기게 됩니다. 이미 본 것은 나에게도 책임이 있을 수 있다는 것이지요.

불교에 '인드라망'이라는 말이 있습니다. 한국불교대학에서 운영하는 다음카페의 공식 이름도 '불교 인드라망'입니다. 엄청나게 많은 불교 자료들이 있으니, 꼭 한번 들어가 보시기 바랍니다. 이렇게 불교에서 많이 쓰는 인드라망이라는말은 '다 관계되어 있다' 라는 뜻을 가지고 있습니다. 온 세계가 코로나 사태로 인해 난리지요. 그런 것을 보더라도 모두가 서로 연결되어 있음을 절감할 수 있습니다. 인드라망은 사람뿐만 아니라 모든 생명체가 다 관계되어 있고, 연결되어 있음을 의미합니다. 그러므로 로드킬 당한 동물의 죽음에는 나의 책임도 일부 연결되어 있다, 이렇게도 볼 수 있는 것입니다. 어찌 되었든 간에 로드킬을 당한 동물을 보면 불자로서 자비심을 일으켜 발보리심진언을 꼭 좀 외워주시기 바랍니다.

불자가 가져야 할 마음에 두 가지가 있는데, 하나는 보리심(菩提心)이요 또 하나는 자비심(慈悲心)입니다. 보리심을 다른 말로 지혜심(智慧心)이라고도 합니다. 그리고 자비심은 쉽게 말해 연민의 정을 나타냅니다.

한국불교대학의 감포도량 무일선원에 와 보시면, 마당에 연못이 두 개가 있습니다. 하나는 하트 모양이고 다른 하나는 원 모양인데, 그 가운데로 물길이 나서 두 연못을 서로 연결하고 있습니다. 하트 모양의 연못은 자비심을 나타내고, 원 모양의 연못은 지혜심 또는 보리심을 얘기합니다. 그래서 이 두 개의 연못을 합쳐 이름하길 '자혜(慈慧)연못'이라 합니다. 두 연못 가운데 물길을 내어 연결한 것은 자비와 지혜는 하나로 연결되어 있음을 상징하는 것입니다.

그리고 우리나라 선방 중에서 유일하게 3년 정진 도량인 감포도량의 무문관을 들어가려면 '금강문(金剛門)'이라는 큰 문을 하나 만나게 됩니다. 그 금강문 위 주련에 '제도중생(濟度衆生) 견성성불(見性成佛)'이라고 제가 붓글씨로 크게 써 두었습니다. 제도중생이라, 중생을 제도한다는 이 말은 자비심을 나타냅니다. 그리고 견성성불(見性成佛)이라, 견성 해서 부처를 이룬다는 이 말은 보리심을 나타냅니다. 그러므로 자비심과 보리심, 이 두 가지의 마음은 불자가 반드시 가져야 할 마음이며, 동시에 불자가 반드시 완성해야 할 마음입니다.

그래서 로드킬을 당한 동물을 보게 되면 발보리심진언을 외워주므로써 죽은 동물이 어쨌든지 지혜, 깨달음의 마음, 즉 보리심을 잃지 않도록 정신 똑바로 차리도록 축원을 해 주는 것이고, 거기에 대해서 우리가 마음을 일으켰으므로 우리는 자비심을 가지게 되는 것입니다. 진언을 한번 외움으로써 보리심은 물론이고 자비심도 갖추게 된 것이니까, 로드킬을 당한 동물을 보고 기도하는 것은 결국 자기를 위한 기도가 된다는 것이지요.

제가 2013년부터 2016년까지 3년 동안 무일선원 무문관 안에서 완전히 폐문하고서 천일 동안 정진을 했었습니다. 마침내 정진을 마치고 무문관을 나오는 날 많은 신도님들이 오셨는데, 그때 제가 한 첫 법문의 주제가 바로 보리심과 자비심이었습니다. 폐문 정진 후 첫 법문에서 보리심과 자비심을 꼭 가져야 한다고 강조할 만큼 중요한 것입니다.

그러니 우리 모든 불자들은 안타깝게 죽어간 생명을 그냥 지나치지 말고, 자비심을 내어서 반드시 발보리심진언을 외워주시길 바랍니다. 그 생명체가 작든 크든 간에 그 생명체의 입장에서는 엄청나게 큰일입니다. 그러니 꼭 발보리심진언을 외워주시길 바랍니다.

 건강하시고, 내일 다시 뵙겠습니다.
관세음보살

無一우학
說法大典

93
태어날 때부터
신통을 부리신 부처님
(봉축법문)

2020. 05. 30. 대구큰절 옥불보전

 관세음보살. 유튜브불교대학 시청자 여러분, 반갑습니다. 오늘은 '태어나면서 신통을 부리신 부처님' 이라는 제목 하에 말씀을 드리겠습니다.

석가모니 부처님은 카필라국의 태자로 태어났습니다. 그런데 부처님은 처음부터 우리 인간과는 확실히 다른 면이 있었습니다. 어떤 면이 그러한가? 태어나자마자 주행칠보(周行七步)라고 해서, 사방으로 일곱 걸음을 걸으셨다고 합니다. 사실, 이것 하나만으로도 참으로 대단합니다. 그런데 이것뿐만이 아니었습니다. 하늘에서 아홉 마리 용이 나타나서 태자인 부처님을 목욕시켜 주었습니다. 즉, 위대한 존재가 태어나셨으니 신장의 우두머리인 용들이 출현하여 물을 뿜어서 몸을 깨끗이 씻어 드렸다는 것입니다.

이것은 단순히 설화라고 치부할 수는 없습니다. 인간들의 이지적인 능력이 모자라서 설화라고 말하면 안 될 일입니다. '충분히 그럴 수 있다. 확실히 그러셨다' 라고 믿어야 합니다.

태자의 몸을 빌려서 오신 우리 부처님, 부처님은 우리 인간들과는 전혀 다르게 특별하게 오셨습니다. 사방 일곱 걸음을 걸으셨다는 것은 '이미 육도윤회를 벗어나서 오셨다' 라는 말과도 통합니다. 육도윤회, 육(6)을 넘어서 칠(7)의 의미로 오셨다는 것입니다. 그리고 칠(7)은 우주적 숫자입니다. 색깔도 일곱 색깔, 음계를 말할 때도 칠음계를 기본으로 말합니다. 그러니까, 부처님은 본래로 우주의 소리로서, 우주의 빛깔로서 오셨다는 말입니다. 즉, 우리 부처님은 진리의 소리, 진리의 빛 그대로 오신 분입니다.

 뿐만 아니라 태자가 걷는 걸음걸음에 연꽃이 피어났습니다. 연꽃이 받쳐 주었던 것이지요. 바로 청정한 삶의 모델인 보살(菩薩), 이 보살의 상징이 바로 연꽃, 처염상정(處染常淨)의 연꽃이 그 걸음걸음에 피어났다는 것은 우리 부처님은 본래로부터 청정 그 자체이셨던 분이다, 이렇게 볼 수 있습니다.

 이처럼 부처님은 애초부터 보통의 인간과는 전혀 다르게 오셨음을 분명하게 느끼셔야 합니다. 처음서부터,

태어나실 때부터 신통 그 자체로 오셨다, 그렇게 봐도 됩니다. 이미 삼계(三界)의 대도사, 즉 욕계, 색계, 무색계의 대도사이셨고, 애초부터 사생(四生), 즉 태(胎), 란(卵), 습(濕), 화(化)의 자부이셨다는 것입니다.

우리가 '인간 붓다'라는 말을 하는데, 그것은 인간이 그렇게 희망할 뿐이지 부처님은 애초부터 인간의 차원을 넘어서서 오셨습니다.

차츰 말씀드리겠습니다만 반역자 데바닷다의 교화, 살인마 앙굴리말라의 교화[1], 천불화현의 기적, 그리고 상카시아에서 어머니를 교화하시고 내려오시는 그런 모습들을 한번 보십시오. 신통 그 자체이십니다. 정말 보통 인간은 따라 할 수 없는 대단한 일들이었습니다. 정말 불가사의한 일들이었습니다. 그러한 부처님의 신통은 아직도 우리에게 그 영향이 미치고 있다고 봐야 합니다.

진리 그대로 계신 우리 부처님은 불제자들의 간절한 기도, 그 기도에 반드시 감응하십니다. 그 기도가 간절할수록 그에 맞는, 그리고 그 기도 정성만큼의 가피로 우리들에게 다가서십니다. 그것은 곧 신통으로 우리 중생들에게 부처님의 흔적을 보이신다고 봐야 합니다. 즉, 신통을 보이신 부처님(2)은 지금도 불가사의한 능력을 나타내고 계신다, 이 말입니다.

그러므로 우리는 열심히 더욱 기도 정진하면서, 부처님에 대한 믿음을 아주 충분히 발휘해서 언제나 부처님의 가피를 입고, 부처님의 신통을 체험하는 그런 불자들이 되시길 바랍니다.

 내일 다시 뵙겠습니다.
관세음보살

참고하시면 좋은 법문

(1) 이런 사람이 스님 되다(유튜브 생활법문)
(2) 부처님이 일으킨 기적(유튜브 생활법문)

無―우학
說法大典

94
왜 절[寺]이라고 부르는가?

2020. 05. 31. 세계명상센터 보은전

관세음보살. 유튜브불교대학 시청자 여러분, 반갑습니다. 오늘은 조금 평이한 주제를 가지고 말씀을 드려보겠습니다. 쉬운 내용이지만, 이 부분에 대해서 생각을 해 본 적이 없는 사람은 쉽게 답변하기 힘든 내용입니다. 그것이 무엇이냐?

"왜 절[寺]이라고 합니까?"

이렇게 물었을 때, 바로 답변이 나오겠습니까? 그래서 오늘은 '절이라고 하는 말은 어디서 나왔을까?'에 대해 말씀드리겠습니다.

왜 절이라고 하는가?

첫째, 절에 가면 절[拜]을 하므로 절[寺]입니다.

절에 오시거들랑 반드시 절을 세 번은 하고 가셔야 합니다. 혹시 등산 중에 사찰을 만나면 절을 하시고 가십시오. 정 안 되면 바깥에 서서 대웅전을 보고 반 배라도 하시면 됩니다. 어떤 일이 있어 절에 갔다면 바로 큰 법당으로 가셔야 합니다. 가서 3배를 올리든 108배를 올리든 자기가 생각한 만큼 절을 하고, 그 뒤에 볼일을 보셔야 합니다. 종무소에 볼일이 있어 오신 경우도 그렇고요. 어떤 스님을 뵙기 위해서 갔다 하더라도 먼저 큰 법당으로 가서, 큰 법당 가운데 계신 주불(主佛) 부처님께 적어도 3배를 하고 내려와서 볼일을 보셔야 합니다.

절은 절하는 곳이므로 반드시 가장 먼저 절을 해야 합니다.

둘째, 그곳에 가면 일이 저절로, 절로 되기 때문에 절이라 합니다.

참 좋은 내용이지요? 그곳에 가면 하고자 하는 일이 저절로, 절로 되기 때문에 절이라 한다! 세상 살다 보면 힘든 일이 참으로 많습니다. 또 스트레스 쌓이는 일도 많습니다. 그럴 때는 다른 곳에 가지 말고 절에 가십시오. 절에 가시면 그 일이 절로 해결될 것입니다.

지극정성으로 부처님 전에 절도 좀 하고, 절하기 힘들면 앉아서 부처님을 바라보면서 속으로 관세음보살을 외우시면 됩니다. 주변에 아무도 없다면 소리를 조금 내서 "관세음보살, 관세음보살, 관세음보살" 이렇게 외우셔도 좋습니다. 그리하면 마음 가운데 안 풀리는 숙제도

절로 풀리고, 모든 일이 절로 절로 될 것입니다.

왜 절이라고 하는가, 세 번째는 역사적인 이야기 하나를 해 드리겠습니다.

아도 화상이라는 분이 계셨습니다. 화상(和尙)이라는 말은 요즘 우리말로 하면 스님이라는 말입니다. 아도 화상을 어떤 이들은 고구려 사람이라고 하고, 또 어떤 이들은 인도 사람이라고도 하는데, 많은 역사서를 종합해 보았을 때 고구려 사람이 맞는 것 같습니다.

아도 화상은 어머니의 뜻에 따라 5세 때 출가를 했고, 16세 때 위나라에 가서 공부를 많이 하고는 19세에 귀국을 했습니다. 귀국할 때는 어머니의 말씀에 따라 신라로 오게 됩니다. 당시 신라는 외부의 문물을 받아들이지 않으려는 고집이 있었습니다. 그렇다 보니, 신라 왕궁 쪽으로 가서 불교문화를 전파하려는 아도 스님의 노력이 전혀 먹혀들지 않았습니다. 오히려 아도 스님을 죽이려고 하는 사람까지 나타났습니다.

그러자 아도 스님께서는 '아직은 때가 되지 않았다'라고 생각을 하시고, 지금의 선산군으로 가셨습니다. 선산군의 옛날 지명은 일선현입니다. 화상께서는 일선현 도리사 아래로 가셨습니다. 아마 선산 도리사의 이름은 한 번쯤 들어보셨을 것입니다.

도리사 아래쪽에는 구레나룻이 아주 많이 난 털보가 살고 있었습니다. 사람들은 이 털보를 두고 '털 모(毛)' 자에, '예도 례(禮)' 자를 써서 '모례'라고 불렀습니다. 억지로 한문을 쓰자니 모례(毛禮)가 되었는데, 순수한 우리말로 하자면 그냥 털보입니다. 그런데 이 털보가 어떻게 불교를 알았는지, 전생부터 인연이 있었던건지 아도 스님을 자기 집에 숨겨 줍니다.

그러자 공부를 많이 하신 스님이 털보네 집에 계신다는 소문이 사람들 사이에 조용히 퍼지게 되었습니다. 그러자 스님을 만나기 위해 털보네 집을 찾는 사람들이 많아졌습니다. 이때 아도 스님을 만나기 위해 털보의 집으로 가는 사람들끼리는 약속이 있었습니다.

"너 어디 가노?"

"아도 스님을 만나러 간다."

이렇게 말하다가는 큰일 납니다. 왜냐하면 아도 스님

은 나라에 이미 찍힌 인물이잖습니까. 그래서 사람들은 "털보 집에 간다." 혹은 "털 집에 간다." 이렇게 말했습니다. 관(官) 사람이 들으면 큰일 나니까, 암호 비슷하게 했다는 것입니다.

"어디 가노?"

"털 집에 간다."

이렇게 '털집'이라고 하던 말이 나중에는 '덜집'이라고 발음이 줄어들었습니다. 그러다가 더 많은 세월이 흐르면서 '절집' 이렇게 되었습니다. 즉, 구개음화 과정을 거치면서, '털보 네→ 털보→ 털→ 덜→ 절' 이렇게 음이 변해왔다고 하는 것이 불교 역사학자들의 견해입니다. 그리고 더 나아가 '신라 땅의 어느 절'이라는 말이 우리나라 전체 수행 도량을 일컫는 말로써 '절'이 된 것입니다. 제가 생각했을 때도 상당히 일리 있는 얘기라고 생각합니다.

오늘 제가 절[寺]을 왜 절이라고 하는지 그 이유에 대해서 세 가지를 말씀드렸습니다.

왜 절이라고 하는가, 절[寺]에 가서 절[拜] 좀 해라.

왜 절이라 하는가, 절에 가면 밀린 숙제, 하고자 하는 일들이 절로 된다.

그러니까 절에 좀 자주 가시고, 절에 가면 꼭 절도 하시기 바랍니다.

 건강하시고 내일 다시 뵙겠습니다.
관세음보살

無一우학
說法大典

95
천당 가지 말고, 극락 가게!

2020. 06. 01. 세계명상센터 보은전

 관세음보살. 유튜브불교대학 시청자 여러분, 반갑습니다. 오늘은 천당과 극락을 비교해 보는 시간을 갖도록 하겠습니다.

불교에서는 천상세계를 말하는데, 그것을 천당으로 딱 결부할 때가 많습니다. '천상, 즉 천당이다. 하늘세계다' 라는 말입니다. 즉, 천상세계는 천당, 하늘 세계를 의미합니다. 반면, 극락은 하늘세계와는 좀 다르게 독립된 세상입니다. 간혹 책이나 옛날 문서에 천당불찰(天堂佛刹)이라고 해서 천당이 곧 극락세계인 것처럼 기록되어 있는 경우도 있습니다만, 특별한 경우를 빼고는 천당은 천당이고 극락은 극락입니다. 천상, 천당이 따로 있고 극락이 따로 있습니다.

그렇다면 이 천당과 극락은 어떤 차이가 있을까요?

한마디로 말하면 천당은 육도윤회를 하는 곳입니다. 반면, 극락은 육도윤회를 끝낸 세상입니다. 육도윤회(六道輪廻)란 지옥, 아귀, 축생, 아수라, 인간, 천상을 말해요. 이때의 천상이 바로 천당입니다. 천당, 천상 세계 또한 육도윤회하는 곳이므로 비록 인간들이 사는 세상보다는 살기가 좋다 하더라도 복진타락(福盡墮落)이라, 즉 그 복이 다하면 밑에 있는 세상으로 떨어지고 맙니다. 그처럼 불완전한 세계가 천당, 천상의 세계입니다. 반면에 극락은 완전히 윤회를 벗어나 있습니다. 그래서 극락세계에서는 다시 윤회해서 중생의 몸을 받지 않습니다.

그런데 불교에서 말하는 천당, 천상세계는 하나만 있는 것이 아닙니다. 총 28개로 되어 있습니다. 맨 아래에 온몸이 온전하게 있는 욕계(欲界)의 하늘나라, 육욕천(六欲天) 6개, 그다음 희미한 몸을 가지고 있는 색계(色界) 18개 천상, 그 위에 순전히 정신세계로 있는 무색계(無色界) 하늘 4개, 이를 모두 다 합하면 28개가 됩니다. 이 28개의 천당은 누리는 복도 각각 다르고, 수명도 다르고, 몸의 빛깔도 다 다릅니다. 그 점에 대해서는 또 나중에 더 깊게, 깊이 있게 말씀을 드리도록 하겠습니다.

다시 정리하여 말씀드리겠습니다.

불교에서는 천상, 즉 천당은 28개인데, 가장 아래 단계에 있는 것이 사왕천(四王天)이고, 맨 꼭대기에 있는 것은 비상비비상처천(非想非非想處天)이라고 하는 하늘

세계입니다. 반면, 극락은 윤회가 완전히 끊어진 곳입니다. 본인이 원한다면 부처님도 될 수 있는 부처님 대기장소이기도 한 곳이 극락세계입니다. 그러므로 극락세계는 더 이상 방황이 없고, 극락세계는 더 이상 고통이 없는 지극히 즐거움만 있는 곳입니다.

이 극락세계에 대해서 많은 설(說)이 있습니다. 그런 설에 대해서는 후일에 또 자세히 말씀드리겠습니다. 그런데 이미 생활법문 통해 '극락세계는 분명히 있다[1]', '극락세계에 가려면 이렇게 하라[2]' 라는 등 그 길을 제시한 바가 있습니다. 지난 법문들을 좀 찾아서 들어보시면 좋겠습니다.

아무튼 우리는 '원왕생(願往生) 원왕생(願往生)이라, 원컨대 극락세계에 가서 나지이다' 이러한 원을 가지고 살아야겠습니다. 그것은 결코 욕심이 아닙니다. 만일 극락세계에 가서 나기를 원한다면, 행동도 그러할 것이고 마음도 그러할 것이며 공덕을 짓는 것도 그렇지 않겠습니까?

그래서 극락을 가야겠다는 생각을 가지고 산다면, 신

구의 삼업(三業)이 청정해지고, 복덕도 많이 지으며, 부처님 전에 대해서 공덕도 많이 짓는 그런 불자가 될 것입니다. 불자라면 천당에 갈 생각을 할 것이 아니라 극락에 갈 생각을 해야 합니다. 불완전한 세상인 천당에 갈 생각하지 말고, 완전한 세상인 극락에 갈 생각을 하십시오.

마지막으로 다시 정리해 드리겠습니다.

천당은 윤회하는 곳입니다. 그래서 그곳은 수명이 다하면 아수라나 지옥까지도 떨어질 수 있는 곳입니다. 반면에 극락세계는 윤회가 끊어진 곳입니다. 수명의 한계가 없는 무량수(無量壽)이며, 무량광(無量光)이 보장된 세상입니다. 그러므로 우리는 반드시 이 극락을 가야 하는 것입니다.

우리는 불자로서 불완전한 천당에 가기보다 완전한 극락에 가도록 원을 세우고 살면 좋겠습니다.

 내일 다시 뵙겠습니다.
관세음보살

참고하시면 좋은 법문
(1) 극락은 실재한다(설법대전 5)
(2) 극락세계에 태어나려면(설법대전 5)

＊이 세상 힘이 드니 극락 가세(유튜브 생활법문)

無一우학
說法大典

96
절에 갈 때의 복장

2020. 06. 02. 대구큰절 옥불보전

관세음보살. 유튜브불교대학 시청자 여러분, 반갑습니다. 오늘은 좀 가벼운 주제를 가지고 말씀을 드리겠습니다. '절에 갈 때 복장은 어떻게 하면 좋은가?' 입니다.

절에는 우리가 가장 존경하는 분, 바로 부처님이 계십니다. 부처님은 우리의 기도 대상이며 존경의 대상입니다. 그분을 찾아뵙는 것은 정말 기분 좋은 일입니다. 집안의 어른을 찾아뵙는 것만큼 의미 있는 일입니다. 어쩌면 그보다 더 소중하고 의미 있는 일인지도 모릅니다.

그러한 부처님을 찾아뵐 때 복장은 어떻게 해야 하는가? 너무나 쉬운 주제인 것 같은 데도 가끔 이런 질문을 받습니다. 여기에 대해 두 가지 경우로 나누어 생각할 수 있습니다.

첫 번째는 일 년에 몇 차례만 부처님을 찾아뵙는 수가 있습니다. 별로 좋지 못한 신행 패턴입니다마는 일 년에 두세 번 정도만 절에 가는 분들도 많습니다. 적어도 한 달에 한 번 이상은 절에 가야 하는데, 현실적으로 그렇지 않은 수가 있습니다.

어쨌든 간에, 일 년에 두세 번만 절에 갈 때는 어떤 복장이 좋은가? 본인이 가지고 있는 옷 중에서 그 철에 맞는 가장 좋은 옷을 입고 가셔야 합니다. 산뜻한 복장, 제일 좋은 복장으로 입고 가십시오. 왜냐하면, 집안의 어른보다 백 배, 천 배 더 귀중한 분이고, 더 존경해야 할 분이 부처님이기 때문에 그렇습니다.

두 번째는 한 주에 한 번 이상 자주 절에 가는 불자인 경우입니다. 그런 경우라면 꼭 거창하게 차려입을 이유는 없습니다. 회사나 직장에서 바로 절에 올 수도 있습니다. 그럴 경우는 평상시대로 그냥 절에 오시면 됩니다. 우리가 이웃 사람 대하듯이 편하게, 그냥 평상시대로 입고 가시면 됩니다. 다만, 너무 피부가 많이 드러나 보이는 옷은 피하시는 것이 좋습니다. 평소 입던 옷이라 하더라도 노출이 너무 심한 옷은 안 됩니다. 왜냐하면, 절이라 하는 곳은 부처님만 계신 곳이 아니라, 스님들도 계시기 때문에 현실적으로 좀 조심해야 합니다.

만약 그 절에 탈의실이 갖추어져 있다면 문제가 없습니다. 탈의실에 가서 수행복으로 갈아입으면 됩니다. 올

때는 피부가 조금 드러나는 옷을 입었더라도 법당에 들어가기 전에 탈의실에서 그 옷은 갈아입고 법당에 들어가면 됩니다. 특히 절을 할 목적으로 절에 오시는 분들의 경우라면, 수행복을 꼭 좀 챙겨 오셔야 합니다. 매일 회사를 마치고 절에 와서 108배 하는 분들도 있어요. 그럴 경우에는 반드시 수행복을 좀 챙기셔야 합니다.

이처럼 절에 와서 수행복으로 갈아입는 경우라면, 평상시 옷이 길든 짧든 큰 관계가 없을 것 같습니다. 참선할 때도 마찬가지입니다. 참선할 때도 품이 조금 넓은 옷으로 해야 좋습니다. 그러므로 참선하려는 경우에도 수행복을 꼭 좀 지참하시면 좋겠습니다.

다시 한번 정리하겠습니다.

첫째, 아주 오랜만에 또는 일 년에 한 두세 번 절에 간다면 좋은 옷을 입고 가야 합니다. 자기가 가지고 있는 옷 가운데 철에 맞는 제일 좋은 옷을 입고 가서 부처님께 인사를 드려야 합니다.

둘째, 자주 절에 가거나 수행의 목적으로 절에 간다면 간편한 복장, 평상시 복장으로 그냥 가시면 됩니다.

만일 절에 탈의실이 있다면, 절에 가서 수행복으로 갈아 입으시는 것도 좋겠습니다. 수행복으로 갈아입고 예불에 동참하고 절을 하고 참선한다면, 그보다 더 좋을 수가 없겠습니다.

참고로 절에 가실 때는 너무 화려한 장식도 좀 피하는 것이 좋습니다. 신발 같은 것도 고가의 신발은 조금 삼가는 것이 좋겠습니다. 간혹 절에서 신발 분실이 있습니다. 그래서 본인 신발은 스스로 잘 챙기시되, 애초부터 너무 비싼 신발을 절에 신고 가는 것은 좋지 않습니다. 가방에 너무 많은 귀중품, 너무 많은 돈을 넣어 두었다가 분실하는 경우도 없잖아 있습니다. 그런 부분도 스스로 조심을 해서 불미스러운 일이 일어나지 않도록 해야 합니다. 절에 가실 때는 불전 놓는 걸 감안하여 적당한 금액만 지참하시는 것이 좋습니다. 쓸데없이 너무 많은 장식품, 너무 많은 금전을 가지고 가시면 안 된다, 다시 한 번 말씀드립니다.

평소에는 검소한 것이 좋지만, 일 년에 한 서너 번 간다면 좋은 옷을 입고 가시되 가죽옷이나 짐승 털 달린 옷은 안 됩니다. 살생해서 지은 옷이므로 안 된다고 하는 것입니다. 사실 이것은 상식적인 선에서 해결해야 합니다. 다른 사람이 봤을 때, '저 보살님은 복장이 참 고급스러우면서도 단정하다' 이런 분위기가 난다면, 잘된 것이지요. 참고하시기 바랍니다.

 내일 다시 뵙겠습니다.
관세음보살

無一 우학
說法大典

97
예수재 기도 올리시면 좋습니다

2020. 06. 03. 세계명상센터 보은전

 관세음보살. 유튜브불교대학 시청자 여러분, 반갑습니다. 오늘은 '예수재(豫修齋) 기도 동참하면 좋습니다'라는 제목으로 말씀드리겠습니다. 제가 이미 예수재(1)에 대해서 한차례 말씀을 드린 바가 있습니다.

그런데 윤 4월에 들어오면서 전국의 모든 절들이 예수재 기도를 현재 봉행 중이거나 준비하고 있어서 그런지, 많은 분들이 이 예수재에 관심을 가지면서 그 공덕에 대한 질문을 많이 하고 계십니다. 예를 들면, '예수재를 지냄으로써 18종 횡액을 면한다는데, 그 18종 횡액이 무엇인지요?' 이런 질문도 있었습니다. 그래서 오늘은 '예수재를 지낸 공덕'에 대해 구체적으로 얘기를 좀 해 드리려고 합니다.

지금의 코로나 사태가 아니었다면 전국의 절들이 윤달 삼사 순례 하느라고 매우 분주할 시기입니다. 그러나 지금은 단체로는 움직이지 못하는 실정이므로, 우리 불자들께서는 다니는 사찰에 가서서 예수재 기도라도 동참해 보시면 좋으리라고 봅니다.

예로부터 예수재 기도에는 열 가지 공덕이 있다고 얘기합니다. 이에 대해 대한불교조계종 포교원에서 생전예수재에 관련해 내놓은 책에 잘 소개되어 있습니다. 이 책은 포교원에서 나온 만큼 이 내용들을 단단히 믿고, 생전예수재에 대해 정성을 다할 필요가 있습니다.

제가 포교원에서 발행한 책자에 수록되어 있는 생전예수재의 공덕에 대해서 좀 읽어 드리겠습니다.

생전예수재의 공덕

마음이 항상 즐거우며, 전생과 미래세의 죄업이 소멸되고, 심신이 경쾌해지며, 가정이 평안해진다. 무병장수를 누리고, 심덕이 깨끗해지며, 원하는 바 소망이 이루어지고, 공덕이 쌓일 뿐만 아니라, 깨달음을 얻고, 극락세계에 태어난다. (대한불교조계종 포교원/ 생전예수재 中)

이 예수재 기도는 다음 생을 위해 이번 생에 미리 천도재를 올리는 그런 기도 의식입니다. 그러므로 6, 70세 이상, 환갑이 넘는 분들은 당연히 동참하셔야 합니다. 물론 만 18세 이전의 미성년자들도 동참하면 좋습니다. 왜냐하면, 만 18세 이전은 전생의 기운이요, 만 19세 이후에야 비로소 본격적인 이생의 삶이기 때문에 그렇습니다. 만 18세 이전은 과거 전생의 복업과 습기를 가지고서 현재 사는 것이므로, 이 나이에 예수재를 지내 드리면 만 19세 이후의 생활에 좋은 영향을 끼친다는 것입니다.

우리가 살아간다는 것, 이 삶이라는 것이 사실은 한 치 앞도 내다보기 힘듭니다. 그러므로 우리가 미리 미래세를 준비한다는 점에서 이 예수재 기도는 아주 좋은 것 같습니다.

예수재 기도는 여러 기록을 통해 부처님 당시부터 있었음을 알 수 있습니다.

먼저, 빔비사라왕의 이야기입니다. 부처님 당시 마갈타국의 빔비사라왕은 죽었다가 다시 살아나는 임사(臨死) 체험을 한 적이 있었습니다. 다시 살아온 뒤 25년간, 그는 무려 59차례나 생전예수재를 지냈습니다. 따져보면 일 년에도 몇 번씩 예수재를 지냈다는 말이지요. 빔비사라왕은 그러한 공덕으로 후일에 도솔천에 태어나서 수다원과를 얻었다는 기록이 전해지고 있습니다.

 수생경(壽生經)이라고 하는 경전에서는 예수재를 지내면 18종의 횡액을 면할 수 있다고 말하고 있습니다. 이 18종 횡액에 대해 제가 간단하게 말씀드리겠습니다. 포교원에서 나온 자료를 토대로 수생경을 이리저리 보면서 제가 현대적으로 조금 고쳤습니다. 하지만 거의 원문 그대로입니다.

 18종 횡액

 첫 번째, 악인과 도적을 만나는 재앙
 두 번째, 수마(水魔), 즉 물난리의 재앙
 세 번째, 불에 타 죽는 재앙
 네 번째, 불치의 병에 걸리는 재앙
 다섯 번째, 목이 졸려 죽는 재앙
 여섯 번째, 차 사고 재앙
 일곱 번째, 난산의 재앙
 여덟 번째, 중풍의 재앙
 아홉 번째, 자살의 재앙

열 번째, 정신적 고통의 재앙

열한 번째, 압사의 재앙

열두 번째, 피를 보는 재앙

열세 번째, 피부병의 재앙

열네 번째, 남에게 다치는 재앙

열다섯 번째, 전염병의 재앙

열여섯 번째, 비명횡사의 재앙

열일곱 번째, 천재지변의 재앙

열여덟 번째, 관재구설의 재앙

(대한불교조계종 포교원/ 수생경(壽生經) 中)

이렇게 18가지를 '18종 횡액'이라 하는데, 수생경에 따르면 이러한 18종의 횡액을 면하려면 예수재를 잘 지내면 된다고 합니다. 18종의 횡액을 면해주는 이러한 예수재 기도를 회향할 때는 지전(紙錢)을 올리고 불사르는 행사를 합니다. 거기에는 전생의 빚을 갚는다는 의미가 있습니다.

조계종 포교원에서 배포한 생전예수재 책 안에 지전

을 올리는 기준이 상세히 잘 나와 있습니다. 그러므로 다니시는 절에 직접 물어보시면 잘 답변을 해 드릴 것입니다. 시청자 여러분께서도 예수재 기도에 동참하시면 좋겠습니다만, 만일 그것이 여의치 않다면 금강경이라도 많이 읽으시길 바랍니다. 물론 예수재 기도에 동참하신 분들도 집에서 금강경 독송을 꼭 하시면 좋겠습니다.

'나는 사는 것이 너무 힘이 든다. 내가 업장이 많이 두터운가 보다' 이런 생각이 드는 분들은 이번 차제에 금강경을 많이 독송해 보십시오. 업장이 녹는 것을 느낄 수 있을 겁니다.

금강경 중 제16분의 제목이 '능정업장(能淨業障)'입니다. 능히 업장을 녹이는 그런 힘을 금강경이 가지고 있다는 말입니다. 그러므로 경전 독송의 공덕을 통해서 분명히 업장을 녹일 수가 있습니다. 혼자 독송하기 힘드신 분들은 유튜브를 틀어놓고 같이 따라 하시면 됩니다. 최근 유튜브불교대학에 금강경 한글 자막, 금강경 한문 자막까지 넣은 영상이 올려져 있습니다. 책을 따로 보지 않고, 그냥 유튜브 영상을 틀어놓고 화면을 보며 독송하시면 되겠습니다.

　유튜브 금강경을 한 번 독송하는 데 30분 정도 걸립니다. 업장을 닦고 내생 길을 닦는다는 의미에서 30분 정도의 시간은 투자할 수 있어야 합니다. 그리고 무엇보다 이를 기꺼이, 즐겁게 하셔야 합니다. '금강경 독송하는 것이 내게는 참으로 유익하고 즐거운 일이다'라고 생각하시면 뭐 얼마든지 재밌게 할 수 있습니다.

　금강경을 사경하는 것도 아주 좋습니다. 감포도량 이곳에 사경해서 가져오시면 정성껏 의식을 한 다음 잘 불살라 드리겠습니다.

　다시 한번, 재차 강조하여 말씀드립니다.

　윤 4월은 공달로 들어온 것이니만큼, '이 공달은 내 인생의 큰 전환점으로써 내 인생을 바꿀 수 있다'라는 확신을 가지고 예수재 기도를 해 보시기 바랍니다.

　이 기도 기간 21일 동안에는 유튜브불교대학 금강경을 틀어놓고서 하루에 두 번이든 세 번이든 일곱 번이든 본인이 하실 수 있는 만큼 최대한 많이, 집중해서 금강경 독송을 해 보시기를 아주 간곡하게 말씀을 드립니다.

혹시 이 기도 기간 동안 금강경 사경을 하신 뒤에 혼자 불사르기가 힘든 분은 당 사찰에 분명히 얘기해서 지전을 불사를 때 같이 태워달라 하시면 되고요. 만일 그것도 여의치 않으면, 한국불교대학 大관음사 감포도량 무일선원으로 보내 주시면 의식을 통해서 정성껏 불살라 드리겠습니다.

건강하시고 내일 다시 뵙겠습니다.
관세음보살

참고하시면 좋은 법문
(1) 예수재란 무엇인가? (설법대전 5)

無一우학
說法大典

98
관음정근 대신
다른 부처님 명호는 안 되나요?

2020. 06. 04. 대구큰절 옥불보전

관세음보살. 유튜브불교대학 시청자 여러분, 반갑습니다. 오늘은 "반드시 관세음보살을 불러야 합니까? 다른 부처님의 명호는 안 됩니까?" 여기에 대한 답변입니다.

제가 관세음보살님을 자주 외우라고 했더니, 일부 우리 시청자분들께서 '나는 옛날부터 다른 부처님 명호를 외워 왔는데, 관세음보살을 외우라 하니 혼돈이 생긴다' 이런 얘기들을 하시며, 많이들 질문해오셨습니다.

제가 관세음보살님을 외우라고 하는 것은 일반적인 경우를 말합니다. 우리가 어머니처럼 부를 수 있는 이름이 관세음보살이라 했습니다. 그렇지만 특수한 상황에서는 지장보살도 필요하고, 아미타불도 필요하고, 약사여래불도 필요하고, 또 석가모니 부처님도 필요합니다. 그리고 '10년 전, 20년 전에 어떻게 인연이 닿다 보니, 관세음보살님보다는 지장보살, 문수보살, 또는 약사여래불, 비로자나불 등 이런 부처님하고 인연이 되었고, 그래서 나는 늘 기도할 때 그 부처님 명호를 외웠다' 라는 경우도 있을 겁니다. 그렇다면 그 사람은 당연히 입에 익

들어오는 문이 다를 뿐,
결국에는 하나의 에너지에서 만나게 된다

은 그 부처님 명호를 외워야 합니다.

하지만 만약 '다른 부처님의 이름을 알기는 해도 그렇게 간절하게 외우지 않고, 그냥 절에 갔을 때나 몇 번 부르고 말았다' 하거나, '그 절이 문수도량이라서, 또는 그 절이 지장도량이라서 가끔 갈 때 그냥 그 부처님을 외웠을 뿐, 입에 완전히 익진 않았다' 라고 할 경우에는 그냥 관세음보살 외우는 것이 좋습니다.

그러나 이미 입에 익은 부처님 명호가 따로 있다면, 그 부처님을 외워도 관세음보살을 부르는 공덕과 진배없습니다. 왜일까요? 다 화신(化身)의 부처님이기 때문입니다. 그러므로 그저 열심히 하기만 하면 결국에는 진리를 체(體)로 삼으신 법신불(法身佛)에 다 귀결됩니다. 다 법신불 안으로 들어옵니다. 즉, 결국에는 한곳에서 만난다는 말입니다. 다만, 아까 말씀드린 것처럼 아직 입에 익지 않은 그런 경우에는 그냥 관세음보살이 좋겠습니다.

조금 다른 얘기로 넘어가 보겠습니다.

만일 어떤 분이 임종을 맞았습니다. 그런데 그분은

평소에 늘 문수보살을 외웠어요. 그렇다면은 그를 수발하는 사람이 비록 본인은 관세음보살을 외우는 관음행자라 할지라도 곁에서 문수보살을 외워야 합니다. 수발이라 하는 것은 환자가 중심입니다. 그러므로 임종 순간에는 환자가 늘 외웠던 문수보살을 같이 외워줘야 합니다. 임종을 맞이한 분이 힘이 떨어져서 본인이 소리조차 내기 힘들 경우에는 수발하는 사람이 임종을 맞는 그분의 부처님 명호대로 같이 외워줘야 한다는 말입니다. 비록 본인은 관세음보살을 외우는 사람이라 할지라도 환자를 위해서는 환자가 평생 외워 왔던 부처님 명호를 합송해 주어야 합니다. 임종 순간에 부처님 이름 부르는 것은 대단히 중요합니다. 그럴 때는 반드시 그 환자 중심으로 부처님 명호를 외워야 합니다.

결론적으로 말씀드립니다.

어느 부처님이든 지극정성 외우면 다 똑같습니다. 지장보살을 평생 외워 왔다면, 그 사람은 당연히 지장보살을 죽는 순간까지 외워야 하고, 임종의 순간에도 지장보살을 외우면 될 일입니다. 관세음보살을 꼭 하라는 것은 일반적인 경우의 이야기입니다.

　대성자모 관세음보살이라, 어머니처럼 부를 수 있는 이름이 관세음보살입니다. 그러므로 특별히 부르던 부처님이 없거나, 완전히 입에 붙은 그런 부처님 명호가 없다면 관세음보살을 부르는 것이 좋다는 것입니다. 어차피 나중에는 다 같이 만납니다. 법신불(法身佛) 차원에서는 한자리에서 다 만나게 되어 있습니다. 들어오는 문이 다를 뿐, 결국에는 모두 다 하나의 에너지에서 만나게 된다는 말입니다.

　어느 부처님 이름을 부르든지, 임종 순간에 부처님 명호를 놓치지 않는 것이 가장 중요합니다. 그러기 위해서 자기 전에 늘 부처님 명호를 외우는 것이 좋습니다. 자는 것은 죽는 연습과도 같다고 했습니다. 그러므로 주무시기 전에 자기가 늘 외우는 부처님 명호를 절대 놓치지 말고 외우시기 바랍니다. 10분이든 20분이든지 누워서 관세음보살 외우거나 다른 부처님의 명호를 외우다가 잠이 든다면 아주 좋은 일입니다. 그 훈련이 잘 돼서 임종 순간에 그 부처님 이름을 놓치지 않는다면, 그분은 반드시 극락세계에 날 수가 있습니다.

다른 부처님 이름을 쭉 외워 왔는데, 제가 관세음보살님을 꼭 외우라고 말씀드려서 다소 헷갈리신 분들이 없잖아 있는 것 같습니다. 일반적이고 보통의 경우에는 관세음보살 명호를 외우는 것이 제일 낫습니다. 하지만 특별하게 본인이 오랫동안 외워 온 부처님 명호가 있다면, 또 특정한 부처님 명호가 완전히 입에 익은 경우에는 그 부처님 이름을 외우는 것이 관세음보살 이름으로 바꾸는 것보다 훨씬 좋습니다.

이는 마치 화두(話頭)와 비슷합니다. 화두를 들 때는 같은 화두를 계속 들어야 합니다. 이 화두 들었다가 저 화두 들었다가 하면 집중력이 떨어집니다. 수행은 다 똑같은 이치입니다. 그러므로 어느 부처님 명호를 외우든지 간에 자나 깨나 부처님을 찾고, 특히 주무시기 전에 부처님 명호를 외우면서 잠드는 그러한 불자들이 되시기 바랍니다.

 내일 다시 뵙겠습니다.
관세음보살

無一우학
說法大典

99
기도하는데 왜 안 되는가?

2020. 06. 05. 대구큰절 옥불보전

 관세음보. 유튜브불교대학 시청자 여러분, 반갑습니다. 오늘은 '기도하는데도 왜 안 되는가?'라는 주제로 말씀을 드리겠습니다.

먼저 이야기를 하나 해 드리겠습니다.

아주 오래전부터 관세음보살을 염송하면서 공양 올리기를 좋아했던 한 여인이 있었습니다. 그런데 이 여인은 시집을 가서 자식이 세 번이나 죽는 험한 꼴을 맞았습니다. 첫째와 둘째는 두 살 때 죽었습니다. 셋째 아이는 태중에서 6, 7개월을 지나다가 죽었습니다.

연거푸 이런 끔찍한 일을 당하다 보니, 그녀는 관세음보살님이 원망스러워졌습니다. 관세음보살님께 기도한 그 시간이 아까워졌고, 공양 올렸던 정성도 너무나 허망했습니다. 그래서 관세음보살님을 원망하면서 방 안에서 통곡을 하고 있었습니다.

그때 근처 산 위에 있던 노스님이 탁발차 내려왔다가 그 집을 지나치면서 통곡하는 여인의 울음소리를 들었습니다. 가만히 관(觀) 해 보니 속 사정이 있었습니다. 그래서 방문을 두들기면서 말씀하셨습니다.

기도자는 간절하게 기도할 뿐, 원망하거나 낙담해서는 안 됩니다

"어리석은 여인아, 그렇게 애통해하지 말아라."

그러자 여인이 말합니다.

"스님, 저는 너무나 분하고 억울합니다. 눈물밖에 안 나오는데, 저더러 어리석다니 그게 말이나 되는 소리입니까?"

그러자 노스님께서는 여인과 죽은 아이와의 관계를 얘기해 주셨습니다.

"그대는 죽은 자식을 그대의 자식으로 생각하지만, 사실 원수가 자식으로 온 것이다."

여인이 놀라 물었습니다.

"스님, 그게 무슨 말씀입니까?"

"그대는 삼 생 전에 누구랑 싸우다가 그 사람에게 약을 먹여서 죽여버렸다. 그때 죽은 사람이 원귀가 되어 늘 그대를 따라다니면서 죽이려고 노력을 했는데, 그대가 늘 관세음보살님을 외우고 있으니 그 원귀가 제대로 힘을 쓰지 못했다. 죽이지는 못하겠고 괴롭히기라도 해야겠다 싶어진 원귀가 그대의 자식의 모습으로 나타난 것이다. 그대는 자식인 줄 알았으나, 실은 자식이 아니라

삼 생 전의 원수를 갚고자 그대에게 찾아온 원귀였느니라."

이렇게 말씀하셨습니다. 여인이 늘 관세음보살을 부르니 항상 신장의 호위 속에 있어서 어떻게 해도 여인을 죽일 수 없었던 원귀가 여인을 괴롭히기라도 하려고 자식으로 태어나려 했다는 것입니다.

말을 마친 노스님이 어느 한 방향을 가리키면서, "이 원귀야!" 하고 고함을 지르니, 원귀가 저 구석에서 에너지를 쏟으면서 말했습니다.

"너는 나를 죽인 삼 생 전의 내 원수다!"

그 원귀가 울부짖으면서 이어서 말했습니다.

"내가 너를 죽이려고 무수히 많이 시도했지만, 그것이 여의치 않았다. 그런데 이제 나의 정체를 노스님께서도 다 알고 말았으니, 나는 이제 내 갈 길을 가야겠다. 이제는 내가 너를 괴롭히지 않을 테니, 그냥 기도하면서 열심히 살아라. 노스님까지 아시는 마당에 내가 어떻게 할 수가 없겠구나!"

이렇게 말하고는 원귀는 사라졌습니다. 그 일이 이후

이 보살은 더욱더 신심을 내서 관세음보살을 외우면서 정말 잘 살았습니다. 아이도 낳고 오래오래 행복하게 살았다는 얘기가 절 집안에서 스님들의 구전으로 전해 내려오고 있습니다.

전체 정리하여 결론적으로 말씀드리겠습니다. 기도를 하는데 왜 잘 안되는 것처럼 보이는가? 기도를 해도 왜 잘 안되는가?

첫째, 과거 전생의 업장이 너무 두터워서 업장이 덜 녹았기 때문에 그렇습니다. 즉, 업의 장애, 업장(業障)이 아직 녹고 있는 중이라서 그렇습니다.

둘째, 기도의 목적이 너무 허황하게 크거나 목적이 나쁜 경우입니다. 기도의 목적은 순수하면서도 적당해야 합니다. 기도 목적이 순수하지 못하고 너무 허황하게 크면 잘 이루어지지 않습니다. 그러한 기도는 이루어질 수도 없거니와 이루어져서도 안 됩니다.

셋째, 상대가 있는 경우입니다. 상대의 복업(福業)과 내가 기도하는 힘 중에서 상대의 복업이 더 강하다면, 그 기도 성취는 잘 안됩니다.

넷째, 전화위복(轉禍爲福)의 경우입니다. 전화위복이라는 것은 2보 전진을 위한 1보 후퇴를 말합니다. 그 후퇴의 시간 때문에 좀 더디게 나타나는 것처럼 보일 때가 있습니다. 이는 앞으로 더 잘 되기 위해 워밍업 하는 시간이라고 보시면 됩니다. 지금 당장에는 성취가 안 되었을 뿐, 꾸준히 열심히 하면 더 좋아질 것인데 내가 조바심을 내는 것이지요.

마지막으로 정리하여 말씀드리겠습니다.

기도자는 간절하게 기도할 뿐, 설령 일이 잘 안되더라도 원망하거나 낙담해서는 안 됩니다. 시절인연(時節因緣)이 맞아야 합니다. 그저 꾸준히, 기도자는 그냥 기도를 생활화해서 꾸준하게 나아가면 됩니다. 그것이 최선책입니다. 오직 기도할 뿐, 잘 되든 못 되든 그것은 그저 부처님께 맡겨 버리는 것이 상책입니다. 나는 오직 기도만 할 뿐 그 결과는 부처님께 맡겨 버려라, 이 말입니다. 먼 후일 돌아보면, '그때 내가 했던 기도가 참으로 더딘 것만 같더니, 실은 이렇게 잘 되기 위한 하나의 과정이었구나' 하는 것을 느끼게 될 것입니다.

기도자는 기도만 할 뿐, 그 결과는 부처님께 다 맡겨 버려야 합니다. 그래야만 분명히 본인이 뜻하는 방향으로, 부처님이 원하시는 방향으로 가게 될 것입니다.

내일 다시 뵙겠습니다.
관세음보살

無一우학
說法大典

100
윤달, 산소 개장(改葬)에 대하여

2020. 06. 06. 대구큰절 옥불보전

 관세음보살. 유튜브불교대학 시청자 여러분, 반갑습니다. 오늘은 '윤달 산소 개장(改葬)'에 대해서 말씀을 드리겠습니다.

B.U.D 세계명상센터가 있는 감포도량은 '연대산 걷기 명상 길'이 아주 좋습니다. 그리고 그 길 양쪽으로 묘가 많이 있었는데 최근에 와서 개장(改葬)을 많이 했어요. 개장했다는 것은 묘를 다 파 갔다는 말입니다. 아마도 벼르고 있다가 윤 4월이라서 개장을 한 것이 아닌가 합니다. 딴 데로 옮겼는지 어쨌는지 그 뒤의 일은 잘 모르겠지만, 아무튼 개장 흔적이 아주 많습니다.

예로부터 윤달에는 묘를 개장하여 다른 곳으로 옮기거나 납골을 해도 아무 문제가 없다고 했습니다. 개장한 것으로 인해 부차적인 문제는 일어나지 않는다는 것이 세간의 일반적인 속설입니다. 그렇다 보니, 요즘 절에도 그에 대해 문의가 많습니다. '윤 4월인데 개장해도 되겠습니까? 별일 없겠습니까?' 이러한 문의들이 많습니다. 그래서 제가 오늘 이에 대해 좀 자세하게 말씀드리겠습니다.

우선 어떤 경우에 개장을 할 것인가?

첫째, 묘지 관리가 안 되는 경우입니다. 다니다 보면, 봉분에 아카시아 나무가 잔뜩 자라고 있는 것을 볼 수 있습니다. 묘지 자체가 완전히 아카시아 밭이 된 경우도 있습니다. 그런 경우는 묘를 그냥 완전히 방치한 것입니다. 그런데 그런 식으로 묘가 방치되면 후손들에게 좋을 리가 없습니다. 그러므로 그러한 경우에는 빨리 묘를 개장해서 다른 방법을 찾으셔야 합니다.

둘째, 토지 개발 등으로 분쟁이 일어나는 수가 있습니다. 그냥 놔두면 묘가 상할 수가 있습니다. 그럴 경우에도 빨리 묘를 개장해서 뒤처리를 하는 것이 좋겠습니다.

셋째, 좋은 곳이 있어서 이장(移葬)을 하는 경우도 있습니다. 더 좋은 데 묘를 쓰려고 개장을 하는 수가 있습니다.

넷째, 여성 후손들만 남아서 묘지 관리가 힘든 경우입니다. 옛날에는 묘 관리를 남자들이 했습니다. 요즘은 후손들이 여자만 있는 경우도 많은 것이 사실입니다. 그러다 보니 묘지 관리가 벅차서 방치되는 수도 없잖아 있고, 또 그것 때문에 가족 분쟁이 일어나는 수도 더러 많다고 들었습니다. 묘지 때문에 싸우고, 남은 여성 후손들이 그 문제로 인해서 불협화음을 일으킬 정도면 개장해서 다른 처리를 하셔야 합니다.

다섯째, 묘에 물이 고이는 경우입니다. 산소에 물이 고이는지 안 고이는지는 육안으로도 대충 알 수가 있습니다. 수맥이 걱정이라면 수맥을 찾는 장비들이 시중에 많이 있어요. 그래도 마음이 찝찝하다면 개장할 수밖에 없습니다.

여섯째, 조상이 자꾸 꿈에 나타나서 개장해 주기를 암시하는 경우입니다. '여기 못 살겠다. 여기 너무 답답하다. 어떻게 좀 처리해다오' 이렇게 조상이 꿈에 나와 말하는 경우가 매우 드물게 있습니다. 그럴 경우도 개장하는 것이 좋습니다.

일곱째, 풍수지리상 안 좋다는 얘기를 들어서, 평소에 마음이 꺼림칙한 경우입니다. 풍수지리가 맞든 안 맞든 '풍수지리상 안 좋다'라는 얘기를 듣고 나면, '묘를

저기에 계속 써도 되겠나? 라는 생각이 계속해서 들면서 내내 찝찝할 수 있습니다. 그런 경우에도 개장하는 것이 좋습니다. 왜냐하면 마음이 어떤 일을 불러오는 수도 많기 때문입니다.

이상, 이러한 일곱 가지 경우들이라면 개장하는 것이 좋습니다. 그렇다면 개장을 한 뒤에는 어떻게 해야 할까요? 여기에 대해서도 우리가 알아야 하지 않겠습니까?

첫 번째 방법으로는 공인된 납골 봉안당에 모시는 것이 있습니다.

저는 공인된 납골 봉안당에 모시는 것이 제일 좋다고 생각합니다. 불자라면 특히 사찰에서 운영하는 사찰 납골 봉안당, 법당형 납골 봉안당에 모시는 것이 좋습니다. 그리하면 고인은 늘 염불 소리를 들으시며 계시는 것이 되고, 조상을 모신 본인도 늘 염불 소리와 함께 극락세계를 염원하는 일이 되므로 그보다 좋은 일이 없겠습니다.

한국불교대학 大관음사에도 대구큰절과 감포도량에 납골당이 잘 되어 있습니다. 그렇다 보니 이에 대한 문의가 많이 옵니다. 아무튼 가능하면 사찰 납골 봉안당에 모시기 바랍니다.

　두 번째 방법으로 수목장이 있습니다. 수목장을 하는 경우도 많은데, 그것도 괜찮습니다. 좋은 방법입니다.

　세 번째 방법으로 화장한 재를 적당한 곳에 뿌리는 것입니다. 이때는 환경오염 때문에 시비가 될 수도 있으니 조심하셔야 합니다.

　네 번째 방법으로는 이장(移葬)입니다. 즉, 딴 곳에 옮겨서 묻을 수도 있습니다. 이런 경우는 '후손들이 잘 감당하겠는가?' 라는 것까지 생각해야 합니다. 한 3,40년 정도 지나면 대부분 산소에 있는 시신은 다 삭아버립니다. 그런데 아까 얘기했듯이 환경 조건이 좋지 않으면 3, 40년이 지나도 시신이 썩지 않고 있는 경우가 종종 있습니다. 그럴 경우에는 반드시 전문가에게 의뢰해서 화장장에 가서 화장(火葬)을 해야 합니다. 화장한 뒤에는 납골 봉안당에 모시는 것을 권해드립니다. 왜냐하면 '우리의 뿌리를 견고하게 유지한다' 라는 측면에서 그게 좋기 때문입니다.

　가족 공동체를 건전하게 유지하기 위해서는 조상의

뼈를 흩어버리는 것은 좋지 않습니다. 조상 없는 후손은 없습니다. 그러므로 늘 조상을 생각하고 챙기는 후손이 되어야 하는데, 그러기 위해서는 그 조상으로 인해 후손들이 모일 수 있는 하나의 장치가 필요합니다. 그 장치가 바로 납골 봉안당입니다.

비록 조상의 뼈, 또는 가루를 담아 둔 것이라고는 하지만 옛날로 말하면 이것이 작은 산소, 묘지 같은 것입니다. 산소를 해 두고서 우리가 그곳에 찾아가듯이, 납골 봉안당에 모셔두면 그곳으로 후손들이 가끔 모일 수도 있습니다. 그 조상으로 인해 후손이 모이게 되는 것이지요. 또 후손들의 마음속에도 '우리 조상님이 든든하게 저리 계시지' 이렇게 자리 잡혀 있게 됩니다. 만약 다 흩어버리고 나면 그런 마음도 없어집니다. 뿌리의 구심점을 없애면, 후손들의 그 마음도 뿔뿔이 흩어져 버릴 가능성이 아주 많습니다. 뿌리의 구심점으로서 납골 봉안당은 아주 중요한 역할을 할 것입니다.

그러므로 재차 강조 드립니다. 화장한 뒤 그냥 흩어버릴 것이 아니라, 납골 봉안당에 잘 모시는 것이 좋겠습니다. 만약 그 납골 봉안당이 절에 있다면, 불자로서는 더할 나위 없이 좋을 것입니다.

우리는 불자입니다. 특히 인연법을 소중하게 생각하는 종교인들이잖습니까? 그러므로 조상의 흔적을 없애지 말고, 반드시 가족 공동체 의식을 생각해서라도 사찰 납골 봉안당에 모시는 것이 좋겠습니다.

묘지, 산소는 아직도 말도 많고 탈도 많습니다. 이는 한국 사람들의 머릿속에 묘지, 산소가 그만큼 중요한 비중을 차지하고 있다고 봐도 됩니다. 하지만 요즘은 묘지, 산소를 관리하기가 엄청 힘들다는 것도 사실입니다. 그렇다 보니, 지금 와서 이 개장을 많이 합니다.

그러므로 그냥 애초부터, 돌아가시면 산소 쓰지 말고 그냥 바로 화장해서 납골 봉안당에 모시는 것이 맞는 것 같습니다. 더러 '화장하는 것은 돌아가신 분에게 몹쓸짓 하는 것이 아니냐?' 이렇게 말하는 경우도 있습니다. 그런데 사람이 죽고 영혼이 딱 뜨고 나면, 그 뒤로는 그냥 시신일 뿐입니다. 뜨거운지 차가운지 알 수도 없고, 그 영혼만 살아있습니다. 그러므로 화장하는 것이 제일 깨끗합니다.

  또한 묘지를 써 놓으면, '풍수지리상 여기가 명당(明堂)인가? 악당(惡堂)인가? 하면서 늘 시빗거리가 되는 것이 사실입니다. 하지만 이 세월에 묘지를 통해서 덕을 볼 수 있는 명당은 없습니다. 수천 년 내려오면서 묘지를 써 왔었는데, 어디에 명당이 있겠습니까? 그러니 덕(德)도 없고 해(害)도 없는 화장을 해서 납골 모시는 것이 가장 무난하고 뒤 탈이 없습니다.

  화장해서 납골을 모시거나 수목장을 하게 되면, 그것은 후손들에게 전혀 부담을 주지 않는 것입니다.

  화장 문화는 묘지 문화와 다릅니다. 화장은 덕도 없고 해도 없는 장례 문화입니다. 가장 무난합니다. 무엇보다도 납골 봉안당에 모시면, 관리 자체가 안전합니다.

  덧붙여 한 가지 더 말씀드리겠습니다. 이장이나 개장을 할 때 후손들은 너무 가까이서 조상을 보는 것은 좋지 않습니다. 만일 썩지 않고 있다면 그 잔상이 오래가서 마음이 찝찝합니다. 그러므로 전문가에게 맡기시고, 그냥 나중에 화장한 재를 잘 인수받으시면 됩니다.

개장하기 전에는 묘 주위를 돌면서 광명진언을 외우거나 법성게 몇 번 외우십시오. 간단하게 그렇게 기도한 뒤에 조상에게 잔도 한 잔씩 올리십시오. 그런 의식은 아주 필수적입니다.

그런 의식이 끝난 뒤에는 묘에서 조금 떨어져서 기다리고 있다가, 전문 화장 업체에서 화장한 재를 받으시면 됩니다. 재를 받아서는, 아까 말씀드렸듯이 다른 데 이장을 할 수도 있고, 납골 봉안당에 모실 수도 있고, 또는 수목장으로 할 수도 있습니다. 아무튼, 개장해서 화장하는 그러한 절차는 전문 장례 업체에 맡기시고, 그 시신을 절대 보지 않는 것이 좋습니다.

윤달을 맞이해서 개장에 대해 많이들 고민하시는 듯하여, 오늘은 불교적인 입장에서 말씀을 드렸습니다.

건강하시고 내일 다시 뵙겠습니다.
관세음보살

無一우학
說法大典

101
역병을 이기는 최고의 인사법

2020. 06. 07. 대구큰절 옥불보전

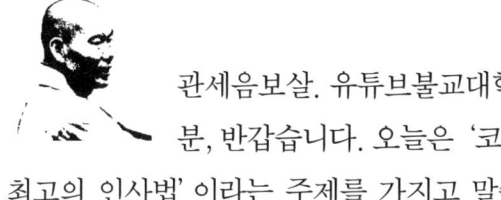
관세음보살. 유튜브불교대학 시청자 여러분, 반갑습니다. 오늘은 '코로나를 이기는 최고의 인사법'이라는 주제를 가지고 말씀을 드리겠습니다.

코로나 사태로 인해서 우리의 생활 문화가 많이 바뀌는 것 같습니다. 특히 인사법에 있어서 악수가 없어지고 아주 우스꽝스러운 팔꿈치 인사까지 등장하고 있습니다. 불자들끼리도 팔꿈치 인사를 하는 것을 보았는데, 그것은 보기에도 좀 그렇거니와 별 내용도 없는 것 같습니다. 그러므로 불교 고유의 인사법으로 돌아가는 것이 좋지 않을까 생각합니다. 이 코로나 사태가 끝나더라도 우리의 인사법을 지키는 것이 맞습니다.

그렇다면 불교 고유의 인사법이 무엇일까요?

당연히 합장 인사하는 것입니다. 두 손을 다소곳이 모은 합장은 한결같은 마음으로 공경을 표시하는 것입니다.

합장은 양 손바닥을 잘 모은 상태로, 손은 자연스럽게 6, 70도 정도 세우면 됩니다. 90도로 세우면 어색하고, 보기도 좋지 않습니다. 가볍게 겨드랑이에 붙인 상태로 6, 70도 정도 손을 세우면 됩니다. 또 절을 할 때도 허리를 너무 직각으로, 90도로 꺾지 말고 그냥 자연스럽게 6, 70도 정도 숙이면 됩니다. 이때 조심할 것은 다리를 벌리면 안 됩니다. 늘 발을 잘 모아서 하시고요. 두리번거려서도 안 됩니다. 시선은 늘 상대의 얼굴에 가만히 두셔야 합니다. 그리고 합장하는 손과 가슴의 거리는 거의 붙을락 말락 정도가 좋습니다. 가까이 붙이셔도 좋습니다. 절하는 동안에도 손은 가슴에 닿아 있는 상태에서 몸이 내려가셔야 합니다.

이 합장 인사야말로 가장 불교적인 인사법이면서, 상대를 지극히 공경하는 인사법이므로 불자라면 반드시 합장 인사를 하는 것이 좋겠습니다. 악수하거나 팔꿈치 인사는 안 됩니다.

그렇다면 합장에 담긴 의미는 무엇일까요? 우리가 손을 모으는 것을 합장이라 하는데, 합장 인사를 하려면 먼저 합장을 해야 합니다. 과연 이 합장의 의미는 무엇인가, 그 점에 대해서 말씀드리겠습니다.

합장의 의미 첫째, 합장은 내 마음과 정성을 모은다는 의미입니다.

둘째, 합장은 희망, 성취의 연꽃 봉오리를 나타냅니다. 즉, 연꽃 봉오리의 의미처럼, 상대에게 '님이시여, 희망과 성취가 함께 하소서'라고 하는 기도의 마음이 담겨 있습니다. 그러니 이 합장이 얼마나 좋습니까? 상대에게 '님이시여, 희망과 성취가 함께 하소서' 하는 것입니다. 너무나 좋은 그런 뜻을 가지고 있습니다.

셋째, 합장, 즉 왼손과 오른손을 모았다는 것에는 체용불이(體用不二)의 뜻이 있습니다. 좀 어려운 말이지요? '체용불이라, 본체와 활용이 하나'라는 것을 나타냅니다.

넷째, 합장, 즉 두 손을 모았다는 것은 정혜상응(定慧相應)의 의미를 가지고 있습니다. '정혜상응, 선정과 지혜가 서로 응한다'라는 뜻입니다.

체용불이, 정혜상응 등 좀 어려운 말들은 후일에 더 설명을 드리겠습니다. 유튜브불교대학을 늘 들으시면 차츰 다 알게 되실 겁니다.

님이시여,
희망과 성취가 함께 하소서

    우리 불자는 앞으로 인사할 때, 가능하면 합장하는 것이 좋습니다. 최근 다른 종교인이 불교 행사에 동참했다가 합장을 안 한 것이 뉴스거리가 된 적도 있었습니다. 타 종교인이 불교 행사에 와서는 합장을 안 했다고 해서 난리가 났는데, 자기 스스로 불자라고 하면서 합장 인사하는 것을 부끄럽게 생각하거나 소홀히 하거나 어색해한다면, 그건 말이 안 되는 것이지 않겠습니까?

    길거리에서 법당에서 스님을 만나든 도반을 만나든 합장 인사하시기 바랍니다. 언제, 어디서, 누구를 만나든 항상 합장 인사하는 불자들이 되시면 좋겠습니다.

 늘 건강하시고 내일 다시 뵙겠습니다.
관세음보살

102
불교 믿으면 꼭 행복해진다

2020. 06. 08. 대구큰절 옥불보전

 관세음보살. 유튜브불교대학 시청자 여러분, 반갑습니다.

먼저 원성취진언을 세 번 외우겠습니다. 이 원성취진언은 소원을 성취시켜주는 진언입니다.

옴 아모카 살바다라 사다야 시베 훔
옴 아모카 살바다라 사다야 시베 훔
옴 아모카 살바다라 사다야 시베 훔

오늘은 '불교를 믿으면 반드시 행복해진다'라는 주제로 말씀을 드리겠습니다. 이는 '무일(無一) 우학 스님의 행복론'이라고 보시면 됩니다.

우리는 행복을 추구하면서 살아갑니다. 행복하기 위해서 안간힘을 씁니다. 그런데 보통 사람들은 그 행복의 소재가 불교 안에 가득 차 있음을 잘 알지 못하는 것 같아 참으로 안타깝습니다. 그래서 오늘은 불교를 믿으면 왜 행복해질 수밖에 없는가를 말씀드리겠습니다.

'행복하다'라고 하는 것은 느낌을 말합니다. 그래서 제가 '느낄 감(感)' 자를 붙여서, 행복의 요소들을 정리하겠습니다.

첫째는 자유감입니다.

행복하기 위해서는 자유의 느낌이 있어야 합니다. 구속으로부터의 해방, 집착으로부터의 탈출 등 이런 것들이 있어야 합니다. 불교에서는 해탈(解脫)이라는 말을 씁니다. 나를 얽어매고 있는 모든 고정관념, 억압으로부터 벗어남을 느낄 때 비로소 우리는 행복합니다. 자유감, 즉 '나는 자유다' 라는 느낌이 들면 우리는 행복합니다.

둘째는 만족감입니다.

행복하기 위해서는 만족의 느낌이 꼭 있어야 합니다. 수행을 잘하면 이 세상을 긍정적으로 보는 안목이 생겨납니다. 부정적으로 보면 불행해지지만, 긍정적으로 보면 만족감이 일어납니다. 그래서 긍정, 즉 만족입니다.

불교에서는 열반(涅槃), 니르바나(Nirvana)라는 말을 합니다. 열반이란 지극한 평온에 이르는 것을 뜻합니다. 이때의 지극한 평온이 바로 만족감입니다. 그래서 불교를 믿으면 만족감을 느끼게 된다고 하는 것입니다.

셋째는 자존감입니다.

행복하기 위해서는 자존의 느낌이 있어야 합니다. 자존감이란 자기의 존재 의미에 대한 느낌을 말합니다. 자존감이 있으면 자부심이 생깁니다. 자신의 존재 가치를 깨닫고 자기의 할 일을 깨닫고 있을 때 비로소 행복함을 느낍니다. 그러므로 자존의 깨어있음은 행복의 중요한 요소 중 하나입니다. 이를 불교에서는 각성(覺性)이라 이렇게 말합니다. 각성, 즉 자존의 깨어있음입니다.

자존감이 있으면 행복합니다. 그러므로 우리는 스스로 자존감을 가지기 위해서 늘 자기 하는 일에 대해서 최선을 다하고, 자기 역량을 발휘하는 사람이 되어야겠습니다.

넷째는 성취감입니다.

행복하기 위해서는 성취의 느낌이 꼭 있어야 합니다. 우리 중생들은 부처님의 법력으로 원하는 바를 반드시 성취합니다. 제가 오늘 법문을 시작하면서, 원성취진언을 먼저 외웠어요. 이 진언은 소원을 성취시켜주는 진언이라 했습니다. 부처님은 큰 원력을 가지고 계셨고, 또 법력이 있으시기 때문에 우리가 원하는 바 그 원을 성취

옴 아모카 살바다라 사다야 시베 훔

할 수 있습니다.

성취하면 우리는 행복합니다. 그래서 마음도 내가 처해 있는 공간도 모두 그런 좋은 땅이 됩니다. 그런 좋은 땅을 정토(淨土)라고 말해요. 정토, 내가 사는 공간이 참 좋다고 느끼는 것이 바로 성취감입니다. 늘 성취의 느낌을 느끼는 불자, 그로 인해 행복감 속에 사는 불자가 되시기 바랍니다.

다섯째는 소속감입니다.

행복하기 위해서는 소속되어 있다는 느낌이 있어야 합니다. 우리는 소외되면 우울증이 오고 박탈감이 일어납니다. 하지만 불교에서는 이 세상은 인드라망의 세계라고 말합니다. 모든 것은 다 연결되어 있고, 모두 서로 관계돼 있다고 말입니다. 즉, 우주 세상의 모든 것들과 나는 다 연결되어 있다는 것입니다. 다시 말해, '모든 것에는 내가 다 소속되어 있고, 그 어떤 것에도 내가 소속되어 있지 않은 것은 없으므로 절대 나를 스스로 소외시켜서는 안 된다' 이 말입니다.

이처럼 나는 우주 속에 소속돼 있고, 나는 우주와 한

몸이라는 것을 강조하는 것이 불교입니다. 이를 불교에서는 연기(緣起)라고 합니다. 모든 것은 다 인연되어져 있다, 이것이 바로 연기입니다.

그러므로 불교를 잘 믿으면, 연기 사상(緣起 思想)과 가르침을 통해서 나는 절대 혼자 있는 것이 아니라는 것을 알게 되고, 소속감을 느끼게 됩니다. 소속감을 느끼시며 늘 행복한 불자가 되시길 바랍니다.

여섯째는 일체감입니다.

행복하기 위해서는 한 몸, 일체의 느낌이 있어야 합니다. 동떨어져 있는 것이 아니라 일체의 느낌, 즉 '전 세상이 일체이며, 만 생명이 한 기운이다' 라는 것을 느껴야 한다는 말입니다. 그런 느낌이 있을 때 비로소 행복합니다.

'천지여아동근(天地與我同根)이요, 천지가 나와 한 뿌리요. 만물여아일체(萬物與我一體)라, 만물이 나와 더불어 한 몸이다' 라고 하였습니다. 이것을 느끼는 사람은 이웃에게 보시를 할 줄도 알고, 이웃을 사랑할 줄도 알게 됩니다. 그리고 그런 사람을 두고, 자비행(慈悲行)을 한다' 라고 말을 합니다.

 자비행을 통해서 일체감을 느낄 때, 진정 그 사람은 행복합니다. 주위에 보면, 자비행을 하다 보니 늘 행복하여 웃고 다니는 분들이 더러 있습니다. 이처럼 우리는 이 일체감을 가져야 합니다.

 불자 여러분, 그리고 시청자 여러분, 불교를 잘 믿으면 분명히 행복합니다. 불교를 통해서 우리는 분명히 행복한 나날을 보낼 수가 있습니다. 날마다 그런 날이 되시기를 진심으로 기도 축원 드립니다.

 내일 다시 뵙겠습니다.
관세음보살

無一우학
說法大典

103
중생은 관계를 지으면서 윤회한다

2020. 06. 09. 대구큰절 옥불보전

관세음보살. 유튜브불교대학 시청자 여러분, 반갑습니다. 오늘은 '중생들은 관계를 지으면서 윤회(輪廻) 한다' 라는 제목으로 말씀드리겠습니다.

불설삼세인과경(佛說三世因果經)에 '자작자수(自作自受)' 라고 해서, '자기가 지어서 자기가 받는다' 라는 것을 아주 강조해 놨습니다. 또한 '반드시 지은 대로 받는다' 라고 하는 '인과응보(因果應報)' 를 인생의 철칙으로 삼으라고 얘기합니다.

윤회는 크게 두 종류로 나눠집니다. 첫째 단독의 과보(果報)로 나타나는 윤회, 둘째 인연을 지으면서 하는 윤회입니다. 오늘은 관계, 인연을 지으면서 하는 윤회의 경우에 대해 불설삼세인과경에 나오는 내용 중 두 가지를 소개하겠습니다.

첫 번째, 금생에 부부간에 화합하고 금실이 좋은 사람은 무슨 인연인가?

여기에 대해 부처님께서는 "전생에 약속을 잘 지키며, 신의를 지킨 공덕이니라." 라고 말씀하셨습니다. 이는 과거 전생의 기운은 눈에 보이지는 않지만 다 관계되어 있다는 말입니다. 그래서 금실이 좋은 부부는 윤회하면서도 둘의 관계가 잘 발전해 왔던 것입니다.

두 번째, 금생에 아내와 자식에게 학대받는 남자는 무슨 인연인가?

부처님께서 말씀하시기로 "전생에 아내와 자식 등 가족을 전혀 돌보지 않고 방탕한 결과니라."라고 하셨습니다. 즉, 과거 전생에 방탕한 생활을 하였던 죄의 과보를 현생에 와서 받고 있는 것입니다.

이 밖에도 많은 이야기들이 더 있습니다만, 이 두 가지만으로도 우리는 충분히 과거 전생의 기운이 눈에 보이지는 않지만, 다 관계되어 있음을 알 수 있습니다. 우리는 모두 다 인연 관계 속에서 살아갑니다. 사람 사이의 인연 관계는 때로 칙칙하기도 하지만 아주 소중한 것입니다.

이런 인연 관계에 대해 범망경(梵網經)에서는 어떻게 말하고 있는지 한번 보겠습니다.

첫째, 한 나라에 태어나는 것은 1천 생의 인연이라 합니다. 우리가 한 나라, 대한민국에 이렇게 태어나는 것도 다 전생부터 인연이 있었다는 얘기입니다.

둘째, 하루 동행하는 것은 2천 생의 인연이라 합니다. 하루 동안 동행하는 것, 함께 산행을 한다거나 어디를 같이 간다는 것은 2천 생의 인연으로 이렇게 지금 함께하게 되었다고 말합니다.

셋째, 한 집에 사는 것은 3천 생의 인연이라 합니다. 하루 동안 동행하는 것보다는 훨씬 더 그 인연이 깊다는 것입니다.

넷째, 한 민족으로 산다는 것은 4천 생의 인연이라 합니다. 우리나라에 산다고 하지만 요즘은 다민족으로 가고 있어요. 그런데 한 민족이라 함은 굉장히 인연이 깊은 것입니다. 한 민족으로 살아가는 것은 4천 생의 인연이라 합니다.

다섯째, 한 동네, 한마을에 태어나서 함께 사는 것은 5천 생의 인연이라 합니다. 한 동네에 사는 어른을 만나면 반갑잖아요? 그것도 다 인연이 있는 것입니다. 예를 들어 같은 초등학교를 나왔다거나 하는 것들이 참으로 대단한 인연이라는 것입니다. 과거 전생의 인연이 겹치고, 겹치고, 겹쳐서 계속 누적되어 적어도 5천 생의 인연이 되어야 한다는 말이지요. 5천 생의 인연으로 이생에 다시 한 동네, 한 학교를 나오게 된다는 것이니, 그 인연이 얼마나 소중합니까?

여섯째, 하룻밤을 같이 자는 것은 6천 생의 인연이라 합니다. 이는 남녀관계뿐만 아니라, 스님들도 객실에서 같이 하루 지낼 때가 있습니다. 특히나 옛날 저희들이 만행을 할 때 그런 경우가 더러 있었습니다. 하룻밤 같이 자고, 아침에 밥 같이 먹고, 그러고는 객비 좀 얻어서 떠나갑니다. 이렇게 하룻밤을 같이 잔 것도 6천 생의 인연이 있었다는 말입니다.

일곱째, 아주 중요한 것으로 부부의 경우입니다. 부부의 연을 맺는 것은 7천 생의 인연이라 합니다.

그런데 부모와 자식 간의 인연은 그보다 더 인연이 깊다고 합니다. 여덟째, 부모 자식 간의 인연은 8천 생의 인연이라 합니다. 부부는 헤어지면 그만입니다. 그런데 부모와 자식 간은 천륜이라 어떻게 헤어질 수도 없어요.

현재는 기회입니다
지난 생의 악연도 선연으로 바꿀 수 있습니다

그래서 부모와 자식 간의 인연이 더 지중한 것으로 8천 생입니다.

그런데 부모 자식 간의 인연보다 더 깊은 것이 있으니, 바로 형제자매간의 인연입니다. 아홉째, 형제자매간의 인연은 9천 생의 인연이라 합니다. 간혹 그 형제자매가 헤어졌다가 시간이 많이 지난 뒤에 만나서 보면 똑같이 닮은 경우가 많습니다. 이렇게 형제자매의 인연은 대단히 소중합니다.

물론 죽 말씀드린 이것이 악연(惡緣)이었을 수도 있습니다. 과거 전생에 계속 악연으로 점철되어 오다가, 이 생에서 또 한 번 부딪치려고 만나는 경우도 있습니다. 이것이 선연이 되었든 악연이 되었든 간에, 횟수로 말할 것 같으면 3천 생, 4천 생, 이런 긴 기간을 통해서 만나게 되었다는 것입니다.

이러한 인연 중에서 범망경에서는 정신적 만남을 아주 소중하게 생각하는데, "만 생의 인연이 있으니, 그것은 스승과 제자의 인연이다."라고 말합니다. 요즘은 제자들이 스승을 우습게 생각합니다. 그런데 그것은 인연의 질서, 인연의 진리에 아주 역행하는 겁니다. 그런 아이가 잘 될 수는 없어요. 과보가 있기 때문입니다. 스승은 언제나 스승입니다. 깍듯이 존경하고 예를 갖춰야 합니다. 그것이 본인이 이 세상을 잘 살아가는 방법이기도 합니다.

스승과 제자의 인연이 가장 소중합니다. 왜냐하면 정신이 스승으로부터 변화되고 개혁되며 더 발전하기 때문에 그렇습니다.

다시 정리하여 말씀드리겠습니다.

우리는 과거 전생부터 이렇게 쭉 인연을 맺어와서 현실에 이르렀습니다. 그러므로 '과거 인연이 여기까지 온 것 자체도 중요하지만 현재 인연을 잘 가꾸어야 합니다. 과거 전생의 인연이 좋았다면 더 좋게 발전시키기 위해 노력해야 하고, 지난 생에 조금 잘못된 점이 있었다면 현재 인연을 잘 가꿈으로써 그 잘못된 인연을 다시 고칠 수도 있습니다. 그러므로 현재는 기회입니다. 아주 대단한 기회입니다. 지난 생의 악연마저 선연으로 바꿀 수 있습니다.

악연으로 만나서 서로 부대끼며 살기 힘들다고 하더라도 더 큰 문제를 일으키지 말고, 늘 수행하면서 살아야 합니다. '저 사람 때문에 내가 마음공부를 하지 않느냐?' 이런 마음으로 살아야 합니다. 정히 헤어질 수 없을 경우에는 그렇게라도 살아가라는 말입니다. 살다 보면, 우리가 정말 헤어질 수도 없는 인연들이 없잖아 있습니다. 옆에 붙어 있는 인연이라고 하여 모두가 다 좋은 인연만 있는 것은 아닙니다. 도저히 안 되겠다 싶으면 헤어지는 것이 좋겠지만, 만일 붙어 있을 수밖에 없는 인연이라면 이생에서 매듭을 풀고, 그저 좋은 듯이 매일매일 새로운 마음으로 살아가야 합니다.

물론, 인연이라고 하는 굴레를 벗어난다면 너무나 좋은 일입니다. 스님들이 출가하는 것도 결국은 그 세속의 인연을 끊고 벗어난다는 것입니다. 다시 말해, 초연한 삶을 살아가는 것입니다. 그것을 거창하게 생각하면 인연을 탈피한, 즉 해탈하는 삶이라고 볼 수 있습니다. '가깝다', '멀다' 라고 하는 인연 거리를 따지지 아니하고 일체중생을 다 똑같은 상황에서 보며, 자비행을 베풀고 나누는 것이 가장 최선책이긴 합니다. 하지만 그러기 위해서는 아주 많은 수행이 요구됩니다.

아무튼, 우리가 해탈해서 윤회의 고리를 끊는다면 더없이 좋은 일이지만, 그렇지 않다면 지금 이 현생을 살면서 인연을 좋게, 좋게 가져가야 합니다.

우리는 부처님 법을 이렇게 만났으니 가능하면 인연의 굴레를 벗어나려고 애를 쓰되, 지금 맺고 있는 인연은 절대 악연이 되지 않도록 늘 조심하면서 잘 가꿀 필요가 있습니다.

나중에 불교의 목적인 해탈(解脫)에 대해 말씀드릴 때 '어떻게 하면 인연을 초월하면서 해탈할 수 있을 것인가?' 하는 것도 말씀을 드리도록 하겠습니다.

내일 다시 뵙겠습니다.
관세음보살

無一우학
說法大典

104
진짜 간편하게 조상 잘 모시는 법

2020. 06. 10. 대구큰절 옥불보전

관세음보살. 유튜브불교대학 시청자 여러분, 반갑습니다. 오늘은 법문 주제는 '진짜 간편하게 조상 잘 모시는 법'입니다. 여기서 말하는 조상은 돌아가신 분을 말합니다. 진짜 간편하게 조상 잘 모시는 법입니다.

유튜브불교대학으로 인연 맺으신 한 불자님께서 이곳 감포도량 무일선원에 영구위패를 올리신 뒤, 댓글로 질문을 해 오셨습니다. 한국불교대학에는 영구위패 또는 평생위패라고 하는 제도가 있습니다. 편의상 영구위패라고 하겠습니다. 영구위패를 올리신 불자님의 댓글 내용을 먼저 잠시 소개해 드리겠습니다.

"요즘 많이 하는 영구위패에 대한 법문을 듣고 싶습니다. 영구위패는 참으로 좋은 것이라는 생각이 들었습니다. 그래서 스님 계시는 무일선원에 전화로 일단 영구위패를 올렸습니다. 막연히 좋겠다는 생각뿐이었습니다. 스님께서 영구위패에 대해 한 말씀해 주시면 좋겠습니다."

이런 내용이었습니다. 마음이 끌려서 영구위패를 모

셨다니 아주 잘 하셨습니다. 이 공덕으로 영가님은 왕생 극락하시고, 가족들 하시는 일이 다 잘 되시기를 진심으로 기도 축원 드립니다.

이야기 하나를 해 드리겠습니다.

제가 1992년에 불교대학을 설립하고 혼자 지내는데, 당시 한 일흔 살 중반쯤 되는 노보살님이 오셔서 말씀하시기를, "스님, 제가 스님의 공양을 지어 드리겠습니다." 하셨습니다. 그러니까 그때 당시에 공양주가 없다는 것을 이 보살님이 아시고는 당신이 공양을 지어 주시겠다고 하신 것입니다. 제 입장에서는 아주 감사한 일이지요. 그래서 "예, 보살님. 그럼 같이 살도록 합시다." 해서, 같이 살게 되었습니다.

이렇게 한 몇 년 같이 살다가, 절이 넓어지는 바람에 체력이 달리시는지 보살님은 공양주를 그만두셨습니다. 그래도 절에는 늘 나오셨는데, 20여 년 다니셨습니다. 세월이 흘러 보살님의 연세가 더욱더 많아지셨는데, 한번은 저는 찾아오셨습니다. 그때가 언제인가 하면, 제가 '7년 이상 무문관에서 정진해야겠다'라는 작심을 하고,

2013년 4월 보름에 먼저 1차 천 일 정진에 들어가려던 때였습니다. 무문관에 들어가기 직전에 저를 찾아오신 보살님께서 말씀하셨습니다.

"스님, 이제 제가 할 일을 다 한 것 같습니다."

"무슨 할 일을 다 하셨습니까?"

"제가 오늘 조상 영가 20분 정도를 영구위패로 모셨습니다."

얘기를 들어보니, 보살님께서는 자식들도 다 독립하고 없이 혼자 사시면서도 늘 집에서 간소하게나마 제사를 잘 모셨던 것 같습니다. 그런데 연세가 점점 많아지시니, 늘 제사가 걱정이 되셨던 모양입니다.

"제사가 늘 걱정이었는데, 이제 절에 맡기게 되었으니 얼마나 홀가분합니까?" 하시면서 덩실덩실 춤을 추시는 것이었습니다.

"이제는 제가 조상들 뵐 면목이 생겼습니다."

보살님께서는 후손들이 제사를 안 지내주더라도 평생위패, 즉 영구위패를 절에 모셨기 때문에 절에서 책임지고 잘해 줄 것이라는 믿음을 가지고 절에 영구위패를 모신 것 같습니다.

　이렇게 절에 영구위패를 모시면 어떤 점이 좋은가, 거기에 대해 말씀을 좀 드리겠습니다.

　첫째, 영구위패를 모시면 영가님의 기일이 돌아왔을 때, 사시불공 시간에 반드시 그 영가님의 이름을 부르며 축원해 드립니다. 영가님의 후손이 사시불공에 참석을 하든 안 하든 절에서는 그분의 축원장을 준비하여 사시불공 시간에 영가 이름을 부르면서 다 축원을 해 드립니다. 그것만 해도 영가로서는 위안을 받으시지 않겠습니까?

　둘째, 영구위패를 모시면 설, 추석 합동 차례를 모실 때 함께 챙겨드립니다. 따로 신청하지 않더라도 영구위패를 올리신 분은 차례상을 받으실 수 있다는 말이지요. 축원도 해 드리고, 전체 염불기도를 할 때 영구위패 올리신 분도 함께 차례상을 받으실 수 있습니다.

　셋째, 영구위패를 모시면 지장재일과 백중 천도재에 함께 모셔드립니다. 절에는 매월 음력 18일에 지장재일이라고 하는 천도재가 있습니다. 또 백중이라고 해서 중요한 천도재도 있습니다. 이 합동 천도재에도 영구위패를 모신 분들은 빠트리지 않고 스님들이 일일이 다 축원을 해 드립니다.

　이처럼 영구위패는 좋은 점이 많습니다. 집에서 제사와 차례를 지내기 힘든 영가는 절에다가 영구위패를 모시는 것이 가장 간단한 방법입니다. 요즘은 제사 문제로 가족들끼리 분쟁이 일어나는 수도 종종 있습니다. 종교가 달라서 그런 일이 생기는 경우도 있고요. 후손들이 조상에 대한 중요성을 인식하지 못하고 방치하는 수도 없잖아 있는 것 같습니다. 그럴 경우는 조금 더 신경을 써서, 인근에 있는 사찰 또는 자기가 잘 아는 사찰에 가서 "제가 영구위패를 모시고자 합니다." 하십시오. 그러면 절에서 안내를 잘 해 드릴 겁니다.

　조상을 너무 무시하면 별로 좋지 않습니다. 어떤 사람들은 '죽은 조상이 무슨 힘을 쓰겠는가?'라고 하지만 세상은 그렇지 않습니다. 우리 몸속에서 면면히 그 조상의 디엔에이(DNA)가 같이 흐르고 있고, 기운이 같이 흐르고 있습니다. 잘해 드리지는 못할지언정 무시해서는 안 됩니다.

　다시 말씀드리겠습니다. 간단하게 조상을 잘 모시는 방법, 절에 영구위패를 모시면 됩니다. 만약 '올해는 거창하게 제사를 지내드리고 싶다', 천도재를 올리고 싶다' 라고 한하면, 그것은 종무소에 가서 별도로 신청하시면 됩니다. 하지만 특별 천도재를 신청하든 안 하든 기제삿날 왕생극락하라는 축원을 해 드립니다. 또한 설, 추석에도 가족이 참석하든 안 하든, 합동 차례를 다 같이 지내 드립니다. 그리고 매달 하는 지장재일에도 기도 축원해 드리고, 또 일 년에 한 번 있는 백중 때도 축원을 해 드립니다. 그러므로 어찌 보면 집에서 제사를 모시고, 집에서 조상을 모시는 것보다 열 배, 백 배 이상의 정성이 들어가리라고 봅니다.

　절에다 모시면 이렇듯 큰 장점이 있습니다. 분명 큰 기도의 힘이 미치리라고 봅니다. 조상을 모시기 힘들다 해서 절대 무시하거나 방치하지 말고, 인연 있는 절에 나가서서 영구위패를 모시기 바랍니다. 그리하면 모든 것이 다 깨끗함은 물론이고요. 또한 조상의 음덕이 반드시 있을 것입니다. 영구위패를 모시고, 조상 영가가 꿈에 나타나서 '참으로 고맙다. 내가 너희들을 잘 되도록 기도 한번 해 보겠다' 이런 꿈을 꾼 사람들이 많습니다. 저는 인연의 소중함이라는 측면에서 봤을 때, 충분히 그러한 일이 있을 수 있다고 생각합니다.

우리가 조상 영가들을 절에 모시면, 그로 인해서 후손들 역시 모두 다 절과 인연이 될 테니 그보다 더 좋은 일이 없지 않을까 생각합니다. 그래서 진짜 간편하게 조상을 잘 모시려면, 인연 있는 절에 나가서 영구위패를 한번 모셔보길 바랍니다.

내일 다시 뵙겠습니다.
관세음보살

無一우학
說法大典

105
이런 사람은 절대 기도하지 말라

2020. 06. 11. 대구큰절 옥불보전

관세음보살. 유튜브불교대학 시청자 여러분, 반갑습니다. 오늘은 좀 특별한 주제를 가지고 말씀을 드리겠습니다. '이런 사람은 절대 기도하지 말라' 입니다.

제가 먼저 얘기를 하나 해 드리겠습니다.

공부를 열심히 하는 한 스님을 음해하고 모함하는 못된 한 여신도가 있었습니다. 신문사에다가 거짓 투서까지 넣는 바람에 그 스님이 난처해지기도 했습니다. 제가 그 사람을 만나서 얘기해 보니, 주위 스님들이 그렇게 말하길래 그냥 근거도 없이 그런 짓을 했다는 것입니다. 그러면서 자기도 열심히 기도하면서 사는 불자라는 것이었습니다.

그때 제가 말했습니다.

"당신 같은 마구니가 기도하면 큰일 납니다. 불교도 다치고, 그 과보로 당신도 아주 크게 다칠 것입니다."

정말 그 여신도는 큰 병에 걸려 몸져눕는 경우가 있었습니다.

오늘은 제가 평소에 이런 사람은 기도하면 안 된다고

생각했던 유형을 말씀드릴까 합니다.

기도는 명상, 참선과는 조금 다른 성격이 있습니다. 명상은 사람을 차츰차츰 좋게 변화시킵니다. 그런데 기도는 마음 수양이라기보다는 제불보살님이나 신장님의 힘을 받아서 일을 성취하고자 하는 목적이 큽니다. 따라서 나쁜 사람이 기도해서 힘을 갖게 되면, 그것은 큰 문제가 아닐 수 없습니다. 상대를 망치게 됩니다. 한편으로는 기도의 결과가 악함 쪽으로 작용했기 때문에 악의 에너지가 기도한 자기 자신에게도 미치므로 크게 횡액을 당할 수도 있습니다. 그래서 공동체도 거덜 내고 자신의 신세도 망칠 수 있습니다.

지금부터 그러한 유형을 소개하겠습니다. 이런 사람은 절대 기도하면 안 됩니다.

첫째, 남을 해치려는 마음을 갖고 있는 사람, 안 됩니다.

둘째, 원망을 입에 달고 사는 사람, 안 됩니다.

셋째, 은혜를 원수로 갚으려고 하는 배은망덕한 자, 안 됩니다.

넷째, 베풀 줄 모르고 인색하기 짝이 없는 사람, 안 됩니다.

다섯째, 거짓말로 사기에 능한 사람, 안 됩니다.

여섯째, 남을 음해하고 모함하려는 사람, 안 됩니다.

일곱째, 요행수만 바라고 노력하지 않는 사람, 안 됩니다.

이러한 사람들은 기도하면 안 됩니다.

기도는 힘이 나약한 중생에게는 정말 필요한 것입니다. 기도하면 반드시 그만한 힘을 받고 가피를 받습니다. 그런데 정신이 옳지 않은 사람이 그 힘을 갖는다고 생각해 보십시오. 어떻게 되겠습니까? 그것은 공동체 자체를 파멸시키는 길입니다. 그리고 기도를 한 본인은 반드시 그 악의 과보를 받아서 삶이 크게 황폐화될 것입니다.

결론입니다. 나쁜 의도를 갖고 기도하면 오히려 천벌을 받을 수도 있습니다. 기도하는 사람이 삼보를 터무니없이 비방한다면, 신장의 철퇴를 맞고 지옥의 나락에 떨어질 수도 있습니다. 아주 드물게 보게 되는 일입니다.

그러므로 기도자는 우선 마음을 깨끗하게 해서 기도

해야 합니다. 기도자가 청정한 마음을 가졌을 때 기도의 결과도 청정해집니다. 기도하는 사람이라면 그 마음부터 청정하게 해야겠습니다. 그리하면 그 결과도 청정해질 것입니다.

내일 다시 뵙겠습니다.
관세음보살

無一우학
說法大典

106
집에 부처님을 모셔도 되나요?

2020. 06. 12. 대구큰절 옥불보전

 관세음보살. 유튜브불교대학 시청자 여러분, 반갑습니다.

오늘은 댓글에 달린 아주 특별한 질문을 가져왔습니다. 네팔에서 한국으로 시집을 와서 살고 있는 한 불자님이 제가 했던 법문 영상 밑에 댓글로 질문을 해 오셨습니다. 질문인즉, '집에 부처님을 모셔도 됩니까?' 입니다.

답변을 드리기에 앞서, 네팔에서 한국으로 시집온 불자님의 가정이 늘 평탄하고 잘 되시기를 진심으로 기도 축원 드립니다.

집에 부처님을 모셔도 됩니까, 이 질문에 대해 단도직입적으로 대답하자면, "모셔도 되고 말고!" 입니다. 당연히 모셔야 하는 것입니다. 티베트나 네팔을 만행하다 보면 그들은 집에 부처님 모시는 것을 지극히 당연한 것으로 여기고 있음을 알 수 있습니다. 집에 부처님을 모시지 말라고 하는 것은 불교를 잘 몰라서 그렇습니다. 부처님을 모시는 것은 불자로서 너무나 당연한 일입니다. 마치 기독교인들이 집에 십자가를 모시는 것과 전혀 다르지 않습니다.

우리는 만들어진 부처님을 불상(佛像)이라 합니다. 이 불상은 언제 처음으로 등장한 것일까요? 바로, 부처님 당시에 최초로 등장했습니다.

석가모니 부처님 당시의 일입니다.

석가모니 부처님께서 어머니 마야부인을 제도하기 위해서 도리천에 올라가셨습니다. 그 뒤 다시 내려오실 때는 상카시아로 내려오셨습니다. 그렇게 다시 내려오실 때까지 3개월 동안 남섬부주, 즉 지구를 비우셨습니다. 그러자 왕들, 특히 우전이라는 왕이 부처님이 너무도 뵙고 싶어서 상사병이 날 지경이었습니다. 참다못한 우전왕은 사람을 시켜 크기가 5척 정도인 제법 큰 부처님을 조성하였습니다. 그 부처님을 모신 후 우전왕은 마음의 병을 좀 고쳤습니다.

시간이 흘러 지상으로 내려오시는 석가모니 부처님을 맞이하러 갈 때 우전왕은 조성해 둔 부처님을 안고 갔습니다. 부처님께서는 우전왕이 만든 당신과 닮은 부처님, 즉 불상을 보면서 "잘 만들었구나. 다가올 법 말세 시대에는 만들어진 부처, 이 불상이 뭇 중생을 편안케 하고 제도할 것이다." 이렇게 인가(認可)를 하셨습니다.

　이것은 불상 역시 복전(福田)이 된다는 말입니다. 그렇게 증명하시는 내용이 경전에 나오고 있습니다. 그러므로 가정집마다 불상을 모시고 신행하는 것은 전혀 잘못된 것이 아닙니다. 오히려 부처님상이 집에 계심으로써 신심을 더욱 고양할 수 있습니다. 또 가족 구성원들이 부처님을 자주자주 뵈어 더욱더 불심을 갖게 되므로, 그 가족 구성원 중에서는 다른 종교인이 나타나지는 않을 겁니다. 그렇지 않겠습니까? 늘 절에 와서 아침, 저녁으로 부처님을 뵈며 사는 사람이 다른 종교를 믿는다는 것이 가능하겠습니까? 스님들은 말할 것도 없고 종무원이나 절에 와서 사시는 분들이 아침, 저녁으로 부처님을 뵈면서 다른 종교를 믿는다는 것은 불가능합니다.

　이처럼 가족의 종교 통일, 가정 불국토의 측면에서 생각서라도 저는 오히려 가정마다 다 불상을 모셔 놓는 것을 권유하는 편입니다. 한국불교대학 大관음사에서는 '정토 가정법당'이라는 운동을 벌인 적도 있습니다. 이는 집 안에 작은 공간을 만들어서 가정법당을 만드는 것입니다. 거기에 부처님 사진이나 불상을 모셔두고서 예불도 드리고 기도도 하며, 또 가족들이 모여서 유튜브를 통한 법문도 듣는다면 그 얼마나 좋은 일이겠습니까! 그러한 운동 덕분에 우리 신도분 중 많은 분들이 집에 정토가정법당을 만드셨습니다. 아주 좋은 운동이었습니다. 지금도 진행 중이라고 봐도 됩니다.

참고로 가정법당에는 늘 염불 소리가 나도록 하는 게 좋습니다. 그러면 불교를 잘 믿지 않았던 가족들도 점점 훈습이 되어서 불교적 정서 속에 살게 됩니다. 그러한 분위기 속에서 자라난 아이는 후일 불교를 독실하게 믿지 않을지는 모르지만, 다른 종교를 찾아가는 일은 없을 겁니다

저는 단언합니다.

"집에 부처님을 모시는 것이 모시지 않는 것보다 백 배 더 신심이 일어나고, 백 배 더 부처님 가피를 입을 수 있는 길이 된다."

특히, 외국에 나가서 사시는 동포들, 이역만리(異域萬里) 먼 곳에 계시는 해외 동포 불자들께서는 꼭 부처

님을 집에 모시기 바랍니다. 한국에 오셨을 때 스님들께 말씀하시든지 해서, 크지 않아도 되니 작은 부처님상을 한번 구해보시길 바랍니다. 혹시 그게 잘 안되면 부처님을 찍은 사진도 괜찮습니다. 특별히 자기가 좋아하는 부처님상이 있다면, 그곳에 가서 잘 찍으십시오. 그것도 크기는 관계가 없습니다. 잘 찍은 사진을 인화하여 집에 걸어두시면 좋겠습니다. 그렇게 하면 같이 사는 가족들도 저절로 다 불자가 될 것이고, 무엇보다 본인도 부처님을 뵈면서 기도 정진하는 것이니 그 얼마나 좋은 일이 되겠습니까?

불상이 조금 부담스럽다면 부처님 사진을 모셔도 됩니다마는, 제 개인적인 생각으로는 불상 또한 아무 문제 될 것이 없습니다. "독실한 불자라면 부처님상을 모시고 신행 활동을 하면, 아뇩다라삼먁삼보리(阿耨多羅三藐三菩提)에 훨씬 더 가깝게 갈 것이다."라고, 아주 단언해서 제가 말씀을 드립니다.

우리는 불교를 생활화해야 합니다. 부처님이 내 공간 깊숙이 들어와 계셔야 합니다. 그런데 대부분의 사람들은 "가정에 부처님 모셔 놓고 정작 그 안에서 온갖 것 다 먹고, 서로 싸움이나 하면 부처님께 미안한 일이 되지 않겠는가! 그러니까 집에 부처님을 모시지 않겠다."라고 말을 합니다. 그렇게 생각할 것이 아닙니다. 부처님을 모셔 놓으면, 먹는 것도 조심하고 싸우는 일도 조금 덜 하게 되지 않겠습니까? 처음서부터 부처님을 모시지 않겠다고 하면서 그런 말을 하는 것은, '싸우면서 살겠다' 라는 다짐이나 진배없습니다. 부처님을 모셔 놓으면 오히려 그곳은 좋은 수행처가 됩니다.

부처님을 모셔 놓으면 부담스럽다거나 부처님한테 나쁜 모습을 보여 드리기 싫다는 자격지심, 혹은 자기의 행위를 감추려고 하는 발상에서 부처님을 집에 모시는 일을 거부한다면, 그것은 오히려 대단히 잘못된 것입니다. 우리가 집집마다 부처님을 모시고 신행 활동을 한다면, 이 세상이 금방 불국토가 되지 않을까 생각합니다.

재삼 말씀을 드립니다. 공간의 여유가 있다면 법당을 작게 만들어서 기도하실 때도 거기서 기도하시면 좋겠습니다. 고기를 먹는 게 마음에 걸린다면 문을 닫으면 되지요. 그런 것들은 가정법당과 큰 관계는 없습니다.

　내 마음이 좀 불편하다, 부담스럽다고 해서 안 할 것이 아니라 마음에 불편함이 조금 있다 하더라도 가족을 위하는 쪽으로 하는 것이 좋습니다. 또 불편함이 나중에는 좋은 쪽으로 승화가 돼서 얼마든지 잘되는 수가 많습니다. 부처님 모신 것을 부담스럽다고 생각하면 안 됩니다. 오히려 부처님 계심으로써 좀 더 조심도 되고, 좀 더 열심히 살게 되고, 부처님 계심으로 마음에 위안을 얻고, 분명히 힘을 갖게 됩니다. 그러므로 우리는 부처님 모시는 일에 대해 절대로 마음 불편하게 생각하시면 안 됩니다.

　만약 자녀가 여행 갔다 오면서 부모님을 생각해서 동자승 같은 것을 기념으로 사 왔다면 절대 버리지 마십시오. 어느 한 공간, 선반 등에 잘 올려놓으십시오. '뭐 붙어 온다' 라는 식의 이상한 말을 들었다고 해도 그런 말들을 믿어서는 절대 안 됩니다. 동자승 그림, 동자승 상, 또는 부처님상, 부처님 그림 등에는 좋은 기운이 붙으면 붙었지, 나쁜 기운이 붙을 수가 없습니다. 절대 그런 무속적인 생각을 해서는 안 되겠습니다. 정통 불교 소재에는 절대 나쁜 기운이 붙을 수가 없습니다. 제가 드리는 말씀을 믿고, 가정을 불교적으로 잘 좀 꾸며 보시기 바랍니다(1).

오늘의 질문을 하신 분은 젊은 보살님이신 것 같은데 네팔에서 한국으로 시집오신 보살님께서는 제가 드리는 말씀을 잘 들었을 것입니다. 남편 되는 분도 제 얘기를 잘 참고하셔서, 부인이 하려고 하는 부처님 모시는 일에 잘 협조하시고, 부인이 신행 활동을 하는 데에도 함께 동참하신다면 좋겠습니다. 두 부부가 힘을 합한다면 배의 힘이 나오는 것이 아니라 서너 배의 힘 이상이 나옵니다. 그래서 가정이 더욱더 탄탄해지고, 가족들의 그 어떤 힘이 잘 뭉쳐져서 모든 일이 다 원만하게 잘 될 것입니다.

 모두 건강하시고 내일 다시 뵙겠습니다.
관세음보살

참고하시면 좋은 법문
(1) 불교 관련 기념품을 집에 두라(설법대전 7)

107
신줏단지를 없애고 싶습니다

2020. 06. 13. 대구큰절 옥불보전

※ 불교신문 기획연재 '우학스님의 유튜브 불교대학'의 글을 그대로 수록하였습니다. 생생한 우학 스님의 설법은 유튜브에서 확인하시기 바랍니다.

관세음보살. 유튜브불교대학 시청자 여러분, 반갑습니다. 오늘은 들어온 질문에 대해서 말씀을 드리겠습니다. 신줏단지에 대한 얘기입니다.

먼저, 두 통의 편지를 소개하겠습니다.

"스님, 안녕하십니까? 저는 강원도 홍성에 사는 어설픈 불자입니다. 늘 유튜브를 통해 스님 법문을 듣다가 용기를 내어 이렇게 편지를 써 봅니다. 신줏단지에 대한 얘기입니다.

지금으로부터 7년 전의 일입니다. 남편이 하던 사업이 기울어지자 부처님에 대한 신심이 부족했던 저는 점집에 가게 되었습니다. 점집에서는 다짜고짜 '조상신이 배가 고파서 너희 집에 와서 치근덕대고 있으니 빨리 그 신들을 거두어야 된다'고 하였습니다. 당시에는 너무나도 다급했던지라 이것저것 생각할 겨를도 없이, 3개의 신줏단지를 조상의 이름으로 모시게 되었습니다. 남편은 쓸데없는 짓을 했다고 핀잔을 주었으나 극구 물리치지는 않아서 농짝 위에다 모셨습니다.

그런데 1년이 지나도 남편의 사업이 좋아지지 않았습니다. 다시 그 점집을 찾아갔더니 조상이 오래 배가 고파서 아직도 허기져 있다면서 푸닥거리를 더 해야 한다는 것이었습니다. 없는 살림이었지만 희망의 끈을 놓치지 않으려고 돈을 빌리다시피 하여 크게 또 굿판을 벌였습니다. 그런데 그 이후로 1년이 지났으나 별 나아지는 게 없었습니다. 점쟁이는 1년 전에 했던 말을 녹음기처럼 똑같이 했습니다. 크게 믿음이 깨진 상태였지만, 지금까지 투자한 돈이 아까워 '이번에 만큼은' 하는 기대감으로 또 푸닥거리를 하였습니다.

그렇게 하기를 3년 하고 나니 몸도 마음도 지쳤습니다. 재물은 들어오지 않고 오히려 더 어려워졌습니다. 그래서 그 뒤로도 이게 아니다 싶어서 신줏단지에 대한 기대를 접고 절에 많이 다녔습니다. 신줏단지는 방치된 채 아직도 농 위에 있는데 벌써 4년이 더 지나갔네요. 지금 생각하니 신줏단지를 모신 것이 후회스럽기는 하지만, 또 막상 다 치우려니 마음이 아주 찝찝합니다. 혹시 화나 당하지 않을까 하고 걱정이 됩니다. 신줏단지를 모신 후

3년은 연속적으로 매년 푸닥거리를 하였지만, 그 뒤로 4년간은 하지 않았습니다.

　스님, 이럴 경우에 제가 어떻게 해야 좋을지 갈피를 잡을 수가 없습니다. 정말이지 신줏단지를 치우고는 싶지만, 혹시 있을지 모를 후환이 두렵습니다. 간곡하게 스님의 조언을 구합니다!

　스님, 늘 건강하십시오. 나무 관세음보살."

또 다른 편지입니다.

"스님, 유튜브 생활법문을 통해서 많은 것을 배워가고 있는 초보 불자입니다. 저의 집에는 조상 대대로 내려온 신줏단지가 모셔져 있습니다. 제가 시집을 오니 저의 시어머니 되는 분이 신줏단지 모시는 법부터 가르쳐 주셨습니다.

　그런데 문제가 생겼습니다. 제가 아직 60대인지라 제가 살아있는 동안은 괜찮겠지만, 뒤가 큰일입니다. 저의 며느리가 다른 종교를 믿고 있어서 신줏단지에 머리를 절레절레 흔듭니다. 특히나 아들 내외는 도회지에 나가 살고 있고, 여기 시골에는 우리 집 영감과 둘이만 있습니다. 우리 두 내외가 시간이 지나서 죽게 되면 이 집 자체가 비게 될 것이 뻔한데, 제일 신경 쓰이는 것이 신줏단지입니다.

저는 자식들이 무탈하게 자라 결혼해서 잘 사는 것이 신줏단지의 영험이라 생각하는데, 저희 당대까지만 모신다는 게 뭔가 죄송하기도 하고 불안합니다. 또 한편으로는 몇 십 년 후의 일이 되겠지만, 저희가 죽고 난 뒤에 신줏단지로 인해서 아이들에게 부담을 준다면 그것 또한 괴로운 일이 될 것 같습니다. 스님, 이 신줏단지를 어떻게 하는 것이 좋겠습니까? 스님의 가르침을 듣고 싶습니다. 감사합니다."

제가 20대 젊은 시절, 학부에서 공부에 열중할 때입니다. 한국불교사의 대단한 권위자이신 김영태 교수님께서 강의 중에, 신줏단지에 대해서 하신 말씀이 있었습니다.

"신줏단지는 어떤 지방에 가면 세존단지라고 합니다. 세존이란 석가세존, 즉 부처님을 일컫습니다. 세존단지는 부처님께 올리는 쌀 공양물의 그릇입니다. 제 생각으로는, '고려 시대까지는 소조상의 부처님도 같이 모시지 않았겠는가' 하고 생각합니다. 그러니까 불자가 부처님 앞에 공양 올리는 것은 마땅한데, 가장 먼저 가을 추수한 쌀을 잘 찧어서 그 단지에 넣었던 것입니다. 고려 시대는 불교 국가였기 때문에 각 개인 집마다 불상(佛像)을 모시는 것은 자연스러웠을 것입니다. 따라서 분명히 부처님 전에 공양물을 올렸을 테고, 그 흔적이 세존단지입니다.

그런데 불행하게도 조선이 들어서면서 숭유억불의 정책을 펴다 보니, 가정집마다 호가불(護家佛)로써 모시던 부처님은 차츰 없어지게 되었습니다. 하지만 쌀을 담아서 공양 올렸던 그 흔적만큼은 남았던 것입니다. 이것이 세존단지인데 많은 시간이 흐르면서 발음이 깎여 신줏단지가 되었습니다. 아직도 세존단지라고 부르는 지방도 있습니다."

온몸을 쓰면서 열강하던 한국불교사의 국보급 교수님의 말씀이었던지라 수십 년이 지난 지금도 귀에 쟁쟁합니다. 그런데 현재의 시점에서 보았을 때는, 세존단지가 되었든 신줏단지가 되었든 불교와는 거리가 멀어져 버렸다는 사실입니다.

첫 번째 편지의 경우를 잠시 짚어보겠습니다.

점집에서 신줏단지를 설치해 주었는데, 매년 경비가 너무 많이 나가서 지금은 방치하고 있다는 내용이 있었습니다. 애초부터 모시지 말았어야 했는데, 괜한 짓을 한 것 같습니다. 이왕 모셔 두었으니, 지금 치웠을 경우에 받는 심리적 스트레스를 감안하여 크게 불편하지 않으면 농 위에 그대로 두십시오. 10년을 채우기를 권해드립니다. 대신 보살님은 앞으로 남은 3년의 기간을 내공(內功) 쌓는 기도 정진으로 삼으십시오. 3년 바짝 기도 정진하시면 신줏단지에 전혀 걸림이 없는 마음 상태가 될 것입니다.

지금같이 마음이 불안한 상태에서 신줏단지를 치웠을 경우에는 화를 받을 수도 있습니다. 그 화가 실지로 있기보다는, 살면서 일어날 수 있는 조그마한 일이라도 '신줏단지 때문에 그런가' 하는 생각으로 그 피해의식이 크게 여울져 오기 때문입니다.

그래서 10년의 세월이 흘러간 뒤에 보살님이 스스로 철거하면 됩니다. 철거 직전, 일주일 정도는 금강경을 좀 많이 읽으시고 사경하시길 바랍니다. 태울 것이 있으면 박스에 잘 담아서 인연 있는 절에 나가서 잘 말씀드리고, 소대에서 태우면 됩니다. 이때는 금강경 사경했던 것도 같이 소각하면 좋습니다. 소각하실 때는 소전진언 '옴 비로기제 사바하'를 외우시면서 법성게를 독송하는 것이 좋습니다.

만일에 10년이 되었는데도 본인이 스스로 농 위의 신줏단지 및 설치물을 철거할 자신이 없으면, 다니는 절의 스님을 모시고 가서 그 스님더러 치우게 하면 됩니다. 신줏단지 안에는 분명히 쌀 등 곡식이 있을 것인데, 그것은 분리해서 새 먹이로 주고 단지는 사용하면 됩니다. 만일 그렇게 하는 것 자체가 불안하고 찝찝하다면, 신줏단지를 다른 보자기에 새로 잘 묶어서 절로 가지고 가십시오. 절에 가서는 사찰의 소임자 스님이나 종무 직원에게 사정 이야기를 잘하고 신중단에 올려두십시오. 그렇게 한다면 본인이 직접 치우는 것보다는 마음의 부담도 적을 것이고, 모든 것이 아주 깨끗합니다.

단, 꼭 해야 할 의식이 있는데 바로 천도재입니다. 점치는 사람이 애초에 모실 때 '무슨 조상'이라고 말했다면 그 조상님을 잘 천도해 드려야 합니다. 특별천도재를 꼭 해야 합니다. 그리고 경제적 여유가 된다면 평생위패를 올려드리십시오.

그럼 정말 '그 조상신이 있음을 인정하는 일인가' 생각할 수도 있는데, 정리해 가는 입장이니까 망상을 자꾸 보태면 안 됩니다. 아무튼 이렇게 하신다면, 한 점 마음의 미련도 없이 깨끗하게 처리가 된 것이니 안심하셔도 됩니다.

두 번째 편지의 경우를 살펴보겠습니다.

두 번째 편지는 꼭 저의 속가 집을 보는 것 같습니다. 제가 어릴 때, 시골집에는 신줏단지가 큰 방 아주 좋은 위치, 높은 곳에 모셔져 있었습니다. 주로 관리는 조모님이 하셨는데, 옆에서 보기에도 정성을 기울이신다는 것을 알 수 있었습니다. 가을 추수가 막 시작되면 첫 수확한 벼를 베서 그 낱알을 모아서 큰 솥에 넣어 쪄냅니다.

그것을 다시 잘 말려 재래식 디딜방아에 넣어 찧습니다. 그러고는 키질을 해서 알곡을 모읍니다. 그게 찐쌀입니다. 그 찐쌀을 신줏단지에 담습니다. 전 해의 것과 교체하는 일입니다. 이때 조모님은 작은 상을 차려 놓고 정성껏 기도를 하셨습니다. 불교식 기도가 아니고, 민간신앙적 기도였으므로 주로 혼잣말로 중얼거리며 가족 구성원의 소원을 비는 수준이었던 것 같습니다.

이런 분위기 정도라면 김영태 교수님의 말씀대로 세존단지의 원형을 잘 살려보는 것도 좋으리라고 봅니다. 무슨 얘기인가? 제가 여러 차례 말씀드린 '정토 가정법당'을 가정마다 꾸며 보자는 것입니다. 정토 가정법당의 가장 중심에는 부처님을 모시면 됩니다. 소조상도 좋고 사진도 관계없습니다. 그리고 불기(佛器)가 있어서 매일 부처님 앞에 쌀공양을 올리면 됩니다. 그 올린 공양으로 가족의 밥을 지으셔도 되고, 잘 모아서 절에 가지고 오셔도 됩니다. 물론 금전공양으로 대체해도 관계없을 것 같습니다. 아무튼 우리는 불자니까 모든 수행과 기도 방법을 정법에 의거해서 부처님 중심으로 행해야 합니다.

드디어 두 번째 편지의 질문에 대한 답입니다. 보살님이 모시고 있는 신줏단지는 보살님 대에서 끝내는 것이 맞습니다. 다니는 절의 스님과 의논해서 스님이 신줏단지를 모시고 가든지, 아니면 보살님이 '이제 절로 가십시다' 하고 고(告) 한 뒤 절로 모시고 오십시오. 그리고 신중단에 올려 두십시오. 그러면 스님들이 다 처리해 줄 것입니다. 불안해할 것이 전혀 없습니다. 제가 20년 전부터 신줏단지를 없애고 가정법당을 꾸미는 운동을 해오고 있습니다만, 아직 한 번도 부작용을 경험해 본 적이 없습니다. 본인이 죽기 전에 얼른 잘 처리하는 것이 후손들에게 짐이 되지 않습니다.

내일 다시 뵙겠습니다.
관세음보살

無一우학
說法大典

108
녹차는 공부 잘하는 사람이 마신다

2020. 06. 14. 세계명상센터 보은전

 관세음보살. 유튜브불교대학 시청자 여러분, 반갑습니다. 오늘은 녹차에 대해서 좀 말씀을 드리고자 합니다.

녹차는 불교와 아주 밀접한 관계가 있습니다. 차로 유명한 분 중에서 초의(草衣)라는 대선사가 계셨습니다. 초의선사는 조선시대 분으로 우리나라의 다도를 정립하셨습니다. 초의선사에 대해서는 후일 따로 시간을 내어 말씀드리도록 하겠습니다. 그리고 전국의 모든 절에는 전통차회(傳統茶會)가 있습니다. 차모임을 통해 교양을 넓히고 건강도 도모하는 분들이 아주 많습니다.

한국불교대학 大관음사는 28년 전에 불교대학을 막 시작하면서 제가 직접 차(茶)를 가르쳤습니다. 제가 어디 가서 배운 것은 아닙니다. 절에서 지내면서 터득된 제 경험에 의한 차(茶) 마시는 법을 불교대학 신도님들에게 가르친 바가 있습니다.

저는 출가할 때부터 차에 대해 관심이 많았습니다. 그래서 이곳 B.U.D 세계 명상센터에도 올해까지 서너 개의 차밭을 만들었을 정도입니다. 얼마 전에 씨를 뿌렸는데, 파 보니 싹이 잘 트고 있더라고요. 아마 몇 년 후면 여기서 직접 차를 수확하지 않을까 생각합니다. 이곳에는 차밭뿐만 아니라 차를 덖는 큰 황토 가마도 있고, 다기를 만드는 도자기 공방도 있습니다. 그래서 작년에는 부처님 오신 날에 등을 다신 신도님들에게 선물로 5인용 다기와 3인용 다기를 선물로 드리기도 했습니다. 또, 차의 교과서라고 불리는 '동다송(東茶頌) 다신전(茶神傳)'이라는 책을 번역해서 정리를 한 바도 있습니다. 차를 하시는 분들이라면 반드시 보는 책입니다. 이처럼 저도 차에 대한 관심이 아주 큽니다.

우리는 옛날부터 녹차를 많이 마셔 왔습니다. 왜 그럴까요? 당연히 몸에 좋으니 마셨겠지요. 몸에 나빴다면 마실 이유가 없었겠지요. 요즘도 세계 10대 슈퍼 식품을 말할 때, 반드시 차가 들어갑니다. 녹차가 꼭 들어갑니다.

제가 녹차를 처음 만난 것은 출가해서 은사 스님을 시봉할 때였습니다. 그 당시 은사 스님께서는 통도사 주지직을 하고 계셨는데, 그때 제가 시자를 보게 되었습니다. 시자였던 저는 손님들이 오시면 오는 손님마다 차를 달여서 내놨습니다. 그런데 차를 달여서 내놓다 보면 종종 차가 남기도 합니다. 남은 것이 아깝다 보니, 남는 족족 제가 그걸 다 마셨습니다. 버리지 않고 홀짝홀짝 다 마셔버린 것이지요.

그러자 시간이 좀 지난 후에 살이 쏙 빠지는 것입니다. 그때는 왜 그렇게 살이 빠지는지 몰랐는데, 제가 차 공부를 본격적으로 하면서 알게 되었습니다. '남은 녹차를 다 마셔서 살이 빠졌구나'라는 것을 알게 된 것입니다. 당시에는 녹차 때문에 살이 빠졌으리라고는 꿈에도 생각지 않았습니다. 나중에 뒤늦게 알게 된 겁니다.

녹차에는 지방을 분해하는 성질이 있습니다. 그리고 녹차를 많이 마시면 잠이 안 옵니다. 잠이 오지 않으니 공부하기에는 그저 그만입니다. 그래서 오늘 법문을 시작하면서 제목을 '녹차는 공부 잘하는 사람이 마신다'라고 붙였던 것입니다.

참선할 때 가장 경계해야 할 것이 무엇인가? 바로, '도거(掉擧)'와 '혼침(昏沈)'입니다. 잡생각 일어나는 것을 도거 또는 망상(妄想)이라고 합니다. 그리고 꾸벅꾸벅 잠이 쏟아지는 것을 혼침이라고 합니다. 이것들을 아주 경계합니다. 그런데 차를 하루에 수십 잔 이렇게 마시다 보면, 밤에도 잠이 안 오고 정신이 말똥말똥해요. 어떤 분들은 '잠을 못 자도 될까?'라고 생각할 수도 있겠습니다. 하지만 젊을 때는 잠 안 자고 공부하는 것이 얼마나 좋았는지 모릅니다. 잠이 안 오면 안 올수록 좋을 때가 있었습니다.

그래서 혹시 참선한다고 기도한다고 앉아 있는데, 수시로 잠이 온다는 분들은 차를 하루에 수십 잔씩 드셔보십시오. 그러면 잠은 저 멀리 도망갈 것입니다. 또, 살이 많이 쪘다고 걱정하시는 분들도 차를 마시면 됩니다. 차를 마시면 살을 뺄 수 있습니다. 제가 보기에 절에서 녹차를 이렇게 마시게 된 것은 첫째로 몸의 비대함을 막고, 둘째로 수행 중에 일어나는 혼침을 막자는 의도가 있지 않았겠나 싶습니다.

녹차는 전통차입니다. 전통차로서 이만큼 좋은 것이 녹차인데, 요즘은 커피에 많이 밀리고 있는 것이 사실입니다. 선방이나 강원에서도 커피에 많이 밀리는 것을 보면 좀 안타깝습니다.

그렇다 하더라도, 우리는 좋은 것은 좋다고 말해야 합니다. 또, 돌아가는 상황은 언제나 다시 바뀌게 되어 있습니다. 그래서 녹차에 대해서 많은 분들이 지금보다는 더 많은 관심을 가질 날이 있지 않을까 생각합니다. 녹차, 그리고 녹차를 발효시킨 보이차에 대해 후일 또 달리 시간을 더 내보겠습니다.

살도 뺄 수 있고 꾸벅꾸벅 잠 오는 것도 막을 수 있다고 하는 녹차를 좀 마셔보는 불자가 돼 보시길 바랍니다.

 내일 다시 뵙겠습니다.
관세음보살

無一우학
說法大典

109
부처님도 감당 안 되는
세 가지 일

2020. 06. 15. 대구큰절 옥불보전

 관세음보살. 유튜브불교대학 시청자 여러분, 반갑습니다. 오늘은 '부처님도 감당 안 되는 세 가지 일'이라는 주제로 말씀드리겠습니다.

부처님도 감당 안 되는 세 가지 일이 있다! 육신통이 자재하신 우리 부처님도 할 수 없는 일이 있다고 하니, 이것은 정말 충격적입니다. '도대체 얼마나 거창하고 얼마나 어려운 일이기에 부처님도 감당할 수 없단 말인가?' 이렇게 생각할 수 있습니다. 심지어 하나도 아니고 세 가지나 됩니다. 이는 중국 숭악(嵩岳)의 원규(元珪)라는 스님께서 정리하신 것으로, 예로부터 이것을 '삼불능(三不能)'이라 말합니다. 즉, 부처님도 할 수 없었던 세 가지 일입니다.

첫째, 이미 업이 정해진 중생은 아무리 능력 있는 부처님이라 할지라도 그것을 면해줄 수 없습니다. 한문으로는 '불능면(不能免) 정업중생(定業衆生)'이라고 합니다. 이미 업이 정해진 중생은 부처님도 면해 줄 수 없습니다. 이미 업이 정해진 중생은 본인 스스로 그 업을 소멸하려는 노력이 꼭 있어야 합니다. 나는 가만히 있는데 부처님께서 알아서 다 해 주시지는 않습니다.

'나는 불자니까 부처님께서 알아서 다 해 주시겠지'라고 생각하면 오산입니다. 불자라고 해서 부처님께서 그들의 업을 다 면해 줄 수 있겠는가, 그것은 아닙니다. 잘못된 업을 지었다면 자기가 손을 내밀어서 부처님 전에 참회하고 선업(善業)을 지으려고 노력해야 합니다. 우리가 이미 지은 신(身)·구(口)·의(意), 삼업(三業)은 스스로 참회하고, 스스로 그 업을 소멸하려는 노력을 해야 합니다. 그래서 몸으로는 선행하고, 절도 좀 해야 합니다. 또 입으로는 염불하며, 늘 좋은 말을 해야 합니다. 또 생각으로는 착한 마음을 먹고, 늘 부처님 명호를 외우며 명상해야 합니다. 그랬을 때 비로소 부처님의 감흥이 오는 것입니다.

업을 잔뜩 지어놓고 가만히 있으면서, '나는 불자니까 부처님께서 다 해 주시겠지'라고 하는 생각은 대단히 잘못된 생각입니다. 불능면 정업중생이라, 중생이 스스로 삼업을 닦지 않는다면 그 지은 악업은 결코 소멸되지 않습니다.

둘째, 인연이 닿지 않는다면, 아무리 능력 있는 부처님이라도 그 중생을 제도할 수는 없습니다. 한문으로는 '불능도(不能度) 무연중생(無緣衆生)'이라고 합니다.

인연이라고 하는 말은 만남이라고 하는 것입니다. 인간관계는 만남입니다. 만나야 일이 이루어집니다. 우리 부처님은 무소불위(無所不爲), 즉 하지 못하는 바가 없으십니다. 그렇다고 해서 그냥 무턱대고 다 하시는 것은 아닙니다. 상대가 앞에 나타났을 때, 해 주시는 겁니다. 상대가 없는데 누구를 제도하겠습니까? 그러므로 먼저 중생이 스스로 부처님 전에 찾아가야 합니다. 부처님 전에 가서 부처님 법을 배우고, 부처님으로부터 받은 가르침을 실천하려는 노력이 있어야만 합니다.

유튜브불교대학에 인연 맺고 있는 우리 불자들은 그래도 부처님 가까이 좀 더 다가오고 있잖습니까? 이 말은 부처님으로부터 제도 받을 만한 조건을 갖추어 가고 있다는 것입니다. 이처럼 우리가 먼저 부처님 앞에 나타나야 합니다. 부처님과 인연을 지어야 한다는 것이지요. 불능도 무연중생이라, 부처님과 스스로 인연 짓지 않으면

늘 부처님 가까이,
부처님 법을 인연하여 살아가야…

부처님께서도 그 중생을 제도할 수 없다는 것을 기억하시기 바랍니다.

셋째, 아무리 능력 있는 부처님이라 할지라도 모든 중생을 다 제도할 수는 없습니다. 한문으로는 '불능도(不能度) 진중생계(盡衆生界)'라고 합니다.

중생은 말 그대로 업장이 두텁습니다. 그래서 '중생'이라는 소리를 듣고, 중생 놀음을 하는 것입니다. 부처님 곁에 있으면서도 부처님을 아주 피곤하게 하고, 부처님을 시해하려고 했던 제바닷다를 아시지요? 제바닷다는 얼마나 극악한 짓을 했는지, 경전에서 말하기를 '산 채로 지옥에 떨어졌다', '생함지옥(生陷地獄) 했다'라고 할 만큼 아주 그 업장이 두터운 중생입니다.

중생은 대부분 탐(貪)·진(瞋)·치(癡)를 그 본성으로 합니다. 그러한 탐진치로 인해 천(千) 부처님이 나타나도 업장이 감당 안 되는 수도 있습니다. 스스로 '탐진치로부터 해방되겠다'고 단단히 작심하고, 부단한 수행 노력이 있어야만 합니다. 그러나 이 중생계는 본래 탐진치로 이루어져 있다 보니, 탐진치로부터 탈출하려고 하는 중생이 그리 많지는 않습니다. 그래서 천 분의 부처님이 나타나시더라도 뭇 중생이 한꺼번에 다 제도 받기는 힘들다는 말입니다. 즉, 작은 벌레로부터 우리 인간에 이르기까지, 저 천상 세계에 있는 중생들까지 한꺼번에 다 제도 받기는 힘들다, 다 제도 되지는 않는다는 말입니다. 이해가 되시지요?

분명히 모두 다 부처님의 제도를 받을 가능성은 있습니다. 하지만 다들 본인의 두터운 업장으로 인해 한꺼번에 발심하지는 않습니다. '나는 부처님 제자로서 일절 나쁜 짓 하지 않고, 보리심을 잘 가꾸어서 깨달음을 성취하겠다'라고 동시에 발심하고, 동시에 다 청정 삼업을 짓지는 않는다는 말입니다. 불능도 진중생계라, 부처님이 모든 중생을 한꺼번에 제도할 수는 없습니다.

물론, 부처님께서 직접 이렇게 삼불능(三不能)이라고 정리하신 것은 아닙니다. 후일 스님들이 공부를 쭉 하다 보니, '부처님께서는 중생을 제도하려고 노력을 하셨지만, 이러이러한 연유로 우리가 아직도 중생의 틀을 벗어나지 못해서 사는 것이 이렇게 힘든 것이구나'라고 느끼고 정리한 것입니다. '왜 이렇게 우리 중생이 사는 모양이 힘든가?' 하고 유심히 잘 관찰해 보고, 모든 경전을 정리하다 보니 '부처님께서도 감당 안 되는 세 가지 이러한 일이 있더라' 하고 정리하였다는 말입니다.

부처님께서도 감당 안 되는 세 가지 일 삼불능, 아주 중요하므로 다시 한번 불러드리겠습니다.

첫째, 이미 업이 정해진 중생은 아무리 능력 있는 부처님이라 할지라도 면해 줄 수 없다, 불능면(不能免) 정업중생(定業衆生)입니다.

둘째, 아무리 능력 있는 부처님이라 할지라도 인연이 닿지 않는다면 그 중생을 제도할 수 없다, 불능도(不能度) 무연중생(無緣衆生)입니다. 그래서 가족 포교가 매우 중요합니다. 본인의 집에 있는 가족들이 어쨌든지 법당까지 나와야 합니다. 아무리 가족 포교가 힘들어도 그 가족을 법당 안까지 데려오지 못한다면 곁에 있는 가족이라 할지라도 부처님으로부터 제도 받을 길은 없습니다. 어떻게든 부처님과의 인연을 지어 주어야만 합니다. 그래야지 제도 받을 기회가 생깁니다.

셋째, 아무리 능력 있는 부처님이라도 모든 중생을 다 제도할 수는 없다, 불능도(不能度) 진중생계(盡衆生界)입니다. 중생은 업장이 매우 두텁고, 중생의 기운은 탐진치 삼독심으로 가득 차 있어서 동시에 다 해탈할 수는 없습니다.

우리가 비록 중생으로 살긴 하지만, 그나마 부처님 법을 만난 지금이 절호의 기회입니다. 그러므로 뜻이 있고 생각 있는 사람이라면, '나부터라도 부지런히 부처님 법을 배우고 실천해야겠다', '내 주변을 독려하여 다 같이 부처님 법을 배우고 실천하여 다 제도 받아야겠다. 부처님으로부터 제도를 받고 해탈해야겠다' 라는 이러한 마음을 늘 가져야 합니다. 그런 서원을 세워야 합니다.

모든 중생이 다 한꺼번에는 제도 되지 않는다고 한다 해서, '아이고 나도 모르겠다. 그냥 대충 살란다' 그렇게 생각해서는 안 되는 것입니다. 한 명이라도 더 제도를 받으려고 애를 써야만 합니다. 뭇 중생이 그러하니 나도 포기하겠다는 생각을 내서는 안 됩니다.

결론적으로 말씀드리겠습니다.

우리가 삼불능을 통해서 느낄 수 있는 것은, 먼저 자기의 업(業)은 자기가 닦아야 한다는 것입니다. 그리고 내가 손을 내밀었을 때 부처님도 손을 잡아 주신다는 것입니다. 나는 손조차 내밀지 않고 손을 내미는 기회도 없다면, 부처님도 어찌해 줄 도리가 없습니다.

저 하늘에서 아무리 보배비가 가득 내리더라도, 아무 생각조차 없는 중생에게는 그 보배비가 본인과 전혀 무관한 일이 된다는 것을 알아야 합니다. 그러므로 우리는 '나는 더 닦아야만 하는 중생이다', '나는 부처님 법을 더 가까이 가서 만나야만 하는 중생이다' 라는 자각을 하면서, 부처님과의 인연을 절대 놓쳐서는 안 되겠습니다.

늘 부처님 가까이, 그리고 부처님 법을 인연하여 함께 살아가는 착실한 불자들이 되시기를 바랍니다.

내일 다시 뵙겠습니다.
관세음보살

無一우학
說法大典

110
부처님의 혹독한 중생 교화
부처님께서도 사람을 죽인다

2020. 06. 16. 대구큰절 옥불보전

관세음보살. 유튜브불교대학 시청자 여러분, 반갑습니다. 오늘은 좀 특별한 제목을 가지고 말씀을 드리겠습니다. '부처님께서도 사람을 죽인다!' 조금 의아하지요?

부처님께서 말을 길들이는 사람, 조마사(調馬師)를 만나서 이야기를 나누던 중 부처님께서 이렇게 말씀을 하십니다.

"중생 제도하다가 도저히 안 되면 죽일 수밖에 없지."

충격적이지요? 지금부터 전체 얘기를 귀담아 잘 들어 보십시오.

어느 날 부처님께서 제자들과 길을 가다가 말을 길들이는 조마사를 만나게 됩니다. 부처님께서 조마사에게 물으셨습니다.

"말을 길들이는 데는 몇 가지 방법이 있는가?"

조마사가 대답합니다.

"세존이시여, 말을 길들이는 데는 세 가지의 방법이 있습니다.

첫째는 성질이 순한 말에게는 유연법(柔軟法), 즉 부

드럽게 달래고 칭찬해서 가르칩니다. 둘째는 성질이 심히 거친 말에게는 강강법(剛强法), 즉 벌을 주면서 강제력을 동원해서 가르칩니다. 셋째는 유연강강법(柔軟剛强法), 즉 칭찬과 벌을 반반 주면서 가르칩니다."

부처님께서 다시 물으셨습니다.

"만일 그 세 가지 방법으로도 길들여지지 않을 때는 어떻게 하는가?"

조마사가 대답합니다.

"세존이시여, 그때는 죽여서 고기나 가죽으로 쓸 수밖에 없습니다."

그렇게 답하면서 부처님께 여쭈었습니다.

"부처님께서는 중생을 제도하시면서 몇 가지 방법을 쓰십니까?"

그때 부처님께서 대답하셨습니다.

"나도 그대와 같이 세 가지 방법을 쓰고 있다. 첫째는 유연법으로 제도하고, 둘째는 강강법으로 제도하고, 셋째는 유연강강법으로 제도하노라."

조마사가 다시 여쭈었습니다.

"세존이시여, 그 세 가지 방법으로도 제도 되지 않을 때는 어떻게 하십니까?"

그때 부처님께서 말씀하시기로,

"이 세 가지 방법으로도 중생을 제도가 되지 않을 때는 나 또한 그대처럼 말을 죽이듯이 죽일 수밖에 없지. 중생을 죽이지."라고 답을 하셨습니다.

조마사가 깜짝 놀라면서 여쭈었습니다.

"세존이시여, 부처님의 법은 살생을 금하고 있다고 들었는데, 어찌 죽일 수밖에 없다고 말씀하십니까?"

그때 부처님은 빙그레 웃음 지으시면서 말씀하셨습니다.

"물론 나의 법은 살생을 용납하지 않는다. 살생은 참으로 나쁘다. 세 가지 방법으로도 제도되지 않을 때 나는 더 이상 설득하려고 하지 않는다. 더 가르치려고도 하지 않는다. 그리고 징계하지도 않는다. 아무리 해도 길들여지지 않는 말이 있듯이, 아무리 제도하려고 해도 안 되는 중생이 있다. 그러한 사람은 인연이 없는 사람이라고 생각해서, '아, 이 중생은 제도할 수가 없겠구나' 라는 판단

이 서면 나는 그냥 내버려 두고 제도하지 않는다."

그리고 덧붙여 말씀하셨습니다.

"내가 그 중생을 제도하지 않고 지극히 무심하니, 그 사람을 죽이는 것과 무엇이 다르랴?"

부처님의 말씀에 조마사가 느끼는 바가 있어서, 말을 길들일 때 앞의 세 가지 방법을 쓰고도 안 된다고 해서 그 말을 죽이지는 않았다고 합니다.

부처님께서는 무한한 자비를 내리시지만 무연중생(無緣衆生), 즉 인연 없는 인연 없는 중생은 제도할 수가 없습니다(1). 인연이 닿지 않으면 어떻게 할 수 없는 것입니다.

우리는 늘 생각해야 합니다. 부처님께서는 온갖 수단과 방법을 동원하여 우리들을 제도하려고 안간힘을 쓰십니다. 마치 지독한 가뭄이 든 날 하늘에서 비가 주룩주룩 내리듯이, 부처님은 늘 우리들에게 법문을 내리십니다. 그래서 그릇이 반듯이 있다면 자기 그릇만큼 물을 받게 됩니다. 그런데 숫제 그릇이 엎어져 있다면, 그 그릇 속에는 물 한 방울 고이지 않을 것입니다. 그것은 물의 탓이 아닙니다. 그릇 스스로의 탓이지요.

우리가 부처님으로부터 제도 받지 못하는 경우는 부처님의 탓이 아니라 이는 전적으로 내 마음의 그릇이 엎어져 있기 때문에 그렇습니다. 즉, 중생의 책임입니다.

불자 여러분, 모두 마음의 문을 여십시오. 백 퍼센트 부처님에 대한 믿음을 가지고 자기 마음 그릇을 반듯하게 놓으십시오. 그러면 한량없는 부처님의 가피를 받을 수가 있습니다.

 내일 다시 뵙겠습니다.
관세음보살

(1) 부처님도 감당 안 되는 세 가지 일(설법대전 6)

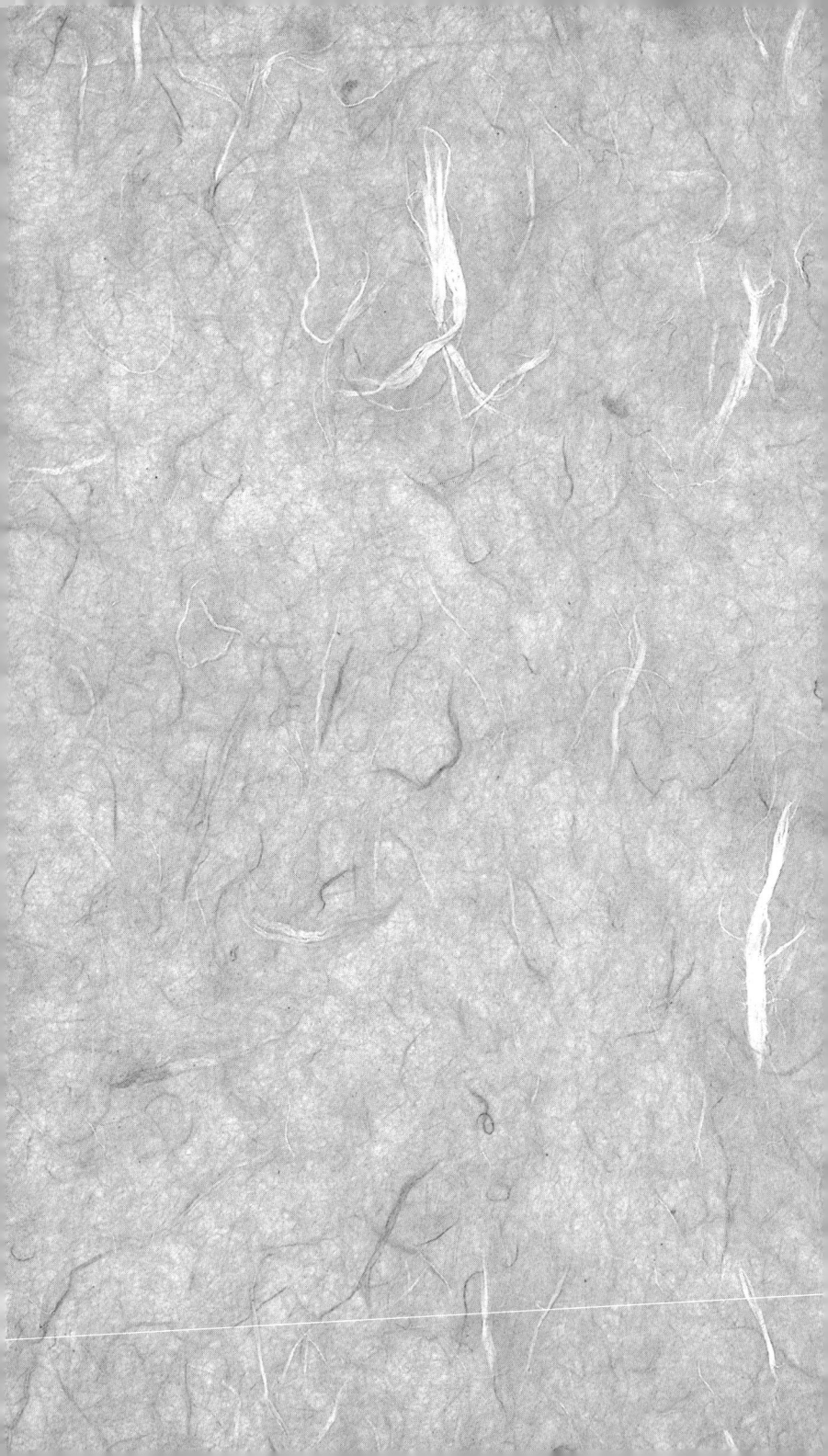

"옴과 달마" 無一 우학 스님 作

無一우학 설법대전(6)

초판발행 2022년 1월 20일(불기 2566년)

저자 無一 우학 큰스님
녹취 이원정(세지)

펴낸곳
도서출판 좋은인연(한국불교대학 부속)
편집 / 김현미
등록 / 제4-88호
주소 / 대구시 남구 중앙대로 126
전화 / 053.475.3707, 6

가격 10,000원
ISBN 979-11-92276-01-4 (04220)

■ 잘못된 도서는 구입하신 곳 또는 도서를 증정받은 곳에서 교환해 드립니다.
■ 법보시 받습니다. 보시하신 책은 군법당, 교도소 등에 무료 배포됩니다.

대한불교조계종 한국불교대학 大觀音寺
홈페이지 / **한국불교대학**
다음카페 / **불교인드라망**
유튜브 / **유튜브불교대학, 비유디**